Plinius · Epistulae

C. Plinius Caecilius Secundus

Epistulae
Briefe in Auswahl

Lateinisch / Deutsch

Übersetzt von
Heribert Philips und Marion Giebel

Ausgewählt und herausgegeben von
Marion Giebel

Philipp Reclam jun. Stuttgart

Heribert Philips hat die in dieser Auswahl enthaltenen Briefe der Bücher 1 bis 9 übersetzt, Marion Giebel die des 10. Buches. Für die vorliegende Edition wurden Text und Übersetzung der 2010 erschienenen Gesamtausgabe (Universal-Bibliothek Nr. 18742) von Marion Giebel durchgesehen, die auch den kompletten Anhang zur Auswahl-Ausgabe verfasst hat.

RECLAMS UNIVERSAL-BIBLIOTHEK Nr. 19006

Gesamtherstellung: Reclam, Ditzingen. Printed in Germany 2012
RECLAM, UNIVERSAL-BIBLIOTHEK und
RECLAMS UNIVERSAL-BIBLIOTHEK sind eingetragene Marken
der Philipp Reclam jun. GmbH & Co. KG, Stuttgart
ISBN 978-3-15-019006-7

www.reclam.de

Epistulae
Briefe in Auswahl

Liber primus

I

C. Plinius Septicio suo s.

(1) Frequenter hortatus es, ut epistulas, si quas paulo curatius scripsissem, colligerem publicaremque. collegi non servato temporis ordine (neque enim historiam componebam), sed ut quaeque in manus venerat. (2) superest, ut nec te consilii nec me paeniteat obsequii. ita enim fiet, ut eas, quae adhuc neglectae iacent, requiram et, si quas addidero, non supprimam. vale.

III

C. Plinius Caninio [Rufo] suo s.

(1) Quid agit Comum, tuae meaeque deliciae? quid suburbanum amoenissimum? quid illa porticus verna semper? quid platanon opacissimus? quid euripus viridis et gemmeus? quid subiectus et serviens lacus? quid illa mollis et tamen solida gestatio? quid balineum illud, quod plurimus sol implet et circumit? quid triclinia illa popularia, illa paucorum? quid cubicula diurna, nocturna? possident te et per vices partiuntur? (2) an, ut solebas, intentione rei familiaris obeundae crebris excursionibus avocaris? si possident, felix beatusque es; si minus, ‘unus ex multis’.

Erstes Buch

1
C. Plinius grüßt seinen Septicius (Clarus)

(1) Oft hast Du mich aufgefordert, ich solle die Briefe, soweit ich sie etwas sorgfältiger verfasst hätte, sammeln und veröffentlichen. Ich habe sie gesammelt, ohne eine zeitliche Reihenfolge einzuhalten – denn ich schrieb ja kein Geschichtswerk –, sondern wie mir ein jeder gerade in die Hände kam. (2) Es bleibt zu hoffen, dass Du nicht Reue empfindest über Deinen Rat und ich nicht über meine Nachgiebigkeit. Es wird nämlich so kommen, dass ich die Briefe, die noch unbeachtet daliegen, heraussuche und, wenn ich neue schreibe, sie nicht zurückhalte. Lebe wohl!

3
C. Plinius grüßt seinen Caninius Rufus

(1) Was macht Comum, Dein und mein Lieblingsort? Was macht Dein einfach entzückendes Landgut in der Nähe der Stadt? Was jene stets frühlingshafte Säulenhalle? Was jenes tiefschattige Platanenwäldchen? Was der grüne, wie Edelstein schimmernde Kanal?[1] Was der in der Nähe liegende, dienstbare See? Was jener weiche und doch feste Spazierweg? Was jenes Bad, das die Sonne innen und außen voll bescheint? Was machen die Speisezimmer für zahlreiche Gäste und die nur für wenige? Was schließlich die Wohn- und Schlafzimmer? Halten sie Dich fest und teilen sie sich abwechselnd in Deinen Besitz? (2) Oder ruft Dich wie gewöhnlich die Erledigung Deiner Gutsherrnpflichten zu häufigen Ausflügen fort? Wenn sie Dich festhalten, bist Du der glücklichste Mensch; wenn nicht, »einer unter vielen«.[2]

(3) Quin tu (tempus enim) humiles et sordidas curas aliis mandas et ipse te in alto isto pinguique secessu studiis adseris? hoc sit negotium tuum, hoc otium, hic labor, haec quies; in his vigilia, in his etiam somnus reponatur! (4) effinge aliquid et excude, quod sit perpetuo tuum! nam reliqua rerum tuarum post te alium atque alium dominum sortientur; hoc numquam tuum desinet esse, si semel coeperit.

(5) Scio, quem animum, quod horter ingenium; tu modo enitere, ut tibi ipse sis tanti, quanti videberis aliis, si tibi fueris! vale.

VI

C. Plinius [Cornelio] Tacito suo s.

(1) Ridebis, et licet rideas. ego ille, quem nosti, apros tres et quidem pulcherrimos cepi. ‘ipse?’ inquis. ipse; non tamen ut omnino ab inertia mea et quiete discederem. ad retia sedebam: erat in proximo non venabulum aut lancea, sed stilus et pugillares; meditabar aliquid enotebamque, ut, si manus vacuas, plenas tamen – ceras reportarem. (2) non est, quod contemnas hoc studendi genus; mirum est, ut animus agitatione motuque corporis excitetur: iam undique silvae et solitudo ipsumque illud silentium, quod venationi datur, magna cogitationis incitamenta sunt.

(3) Proinde, cum venabere, licebat auctore me ut panari-

(3) Warum überlässt Du – es ist nämlich Zeit – die alltäglichen, armseligen Sorgen nicht anderen und widmest Dich selbst in dieser tiefen, behaglichen Einsamkeit den Studien? Dies sei Dein Geschäft und Deine Muße, dies Deine Arbeit und Deine Ruhe; hierauf sollst Du Wachen und auch Schlaf abstellen. (4) Bilde und schaffe etwas, das für immer Dein Eigentum sei. Denn Dein übriger Besitz wird nach Dir gar manchem andern Herrn zufallen; dies aber wird niemals aufhören, Dein Besitz zu sein, wenn es einmal Dir gehört hat.

(5) Ich weiß, an welchen Geist, an welche Begabung ich meine Mahnung richte; strenge Dich nur an, Dir selbst so viel wert zu sein, wie Du anderen erscheinen wirst, wenn Du es Dir selbst gewesen bist. Lebe wohl!

6

C. Plinius grüßt seinen Cornelius Tacitus

(1) Du wirst lachen und Du darfst lachen. Ich – ja der, den Du kennst – habe drei Eber, und zudem wahre Prachtexemplare, gefangen.[3] »Du selbst?« fragst Du. Ja, ich selbst, freilich so, dass ich dabei meine Untätigkeit und Ruhe nicht völlig aufgab. Ich saß bei den Netzen; in der Nähe befanden sich weder Jagdspieß noch Lanze, sondern nur Schreibgriffel und -tafel; ich dachte über etwas nach und machte mir Notizen, um, wenn schon leere Hände, so doch wenigstens volle Tafeln nach Hause zu bringen. (2) Es gibt keinen Grund, dass Du diese Art des Studierens verachtest; es ist erstaunlich, wie der Geist durch Tätigkeit und körperliche Bewegung angeregt wird; außerdem sind die Wälder ringsum, die Einsamkeit und die Stille, die zur Jagd gehört, starke Anreize für das Denken.

(3) Wenn Du zur Jagd gehst, wirst Du daher – auf meinen Rat hin – sowohl Brotkorb und Feldflasche als auch die Schreibtafel mitnehmen dürfen: Du wirst erfahren, dass

um et laguncula sic etiam pugillares feras: experieris non Dianam magis montibus quam Minervam inerrare. vale.

IX

C. Plinius [Minicio] Fundano suo s.

(1) Mirum est, quam singulis diebus in urbe ratio aut constet aut constare videatur, pluribus iunctisque non constet. (2) nam, si quem interroges: 'hodie quid egisti?', respondeat: 'officio togae virilis interfui, sponsalia aut nuptias frequentavi, ille me ad signandum testamentum, ille in advocationem, ille in consilium rogavit.' (3) haec quo die feceris, necessaria, eadem, si cottidie fecisse te reputes, inania videntur, multo magis, cum secesseris. tunc enim subit recordatio: 'quot dies quam frigidis rebus absumpsi!'

(4) Quod evenit mihi, postquam in Laurentino meo aut lego aliquid aut scribo aut etiam corpori vaco, cuius fulturis animus sustinetur. nihil audio, quod audisse, nihil dico, quod dixisse paeniteat; (5) nemo apud me quemquam sinistris sermonibus carpit, neminem ipse reprehendo, nisi tamen me, cum parum commode scribo; nulla spe, nullo timore sollicitor, nullis rumoribus inquietor: mecum tantum et cum libellis loquor. (6) o rectam sinceramque vitam, o dulce otium honestumque ac paene omni negotio pulchri-

Diana in den Bergen nicht mehr umherstreift als Minerva. Lebe wohl!

9

C. Plinius grüßt seinen Minicius Fundanus

(1) Es ist seltsam, wie ich an einem einzelnen Tag in der Stadt mit mir zufrieden bin oder zu sein scheine, nimmt man aber mehrere Tage zusammen, ich nicht zufrieden bin. (2) Denn wenn Du jemanden fragst: »Was hast du heute getan?«, mag er wohl antworten: »Ich habe an einer offiziellen Feier teilgenommen, bei der die Männertoga[4] übergeben wurde, ich habe eine Verlobungs- oder Hochzeitsfeier besucht; jener hat mich um die Unterzeichnung eines Testamentes, ein anderer hat mich um meinen Beistand vor Gericht, wieder ein anderer um ein Rechtsgutachten gebeten.« (3) Dies alles erscheint an dem Tage, an dem man es getan hat, als notwendig, dasselbe aber, wenn man überlegt, dass man es tagtäglich getan hat, als wertlos, umso mehr, wenn man sich in die Einsamkeit zurückgezogen hat. Dann nämlich kommt einem der Gedanke: »Wie viele Tage habe ich mit so vielen unwichtigen Tätigkeiten verloren.«

(4) So geht es mir, seit ich auf meinem Landgut bei Laurentum[5] etwas lese, schreibe oder auch meinen Körper pflege, durch dessen Stärkung auch der Geist gefördert wird. Nichts höre ich, was gehört zu haben, nichts sage ich, was gesagt zu haben ich später bereuen könnte; (5) niemand kritisiert in meiner Gegenwart jemanden mit abfälligen Bemerkungen; ich selbst tadle niemanden, außer mich selbst, wenn ich nicht angemessen genug schreibe; keine Hoffnung, keine Furcht regt mich auf, keine Gerüchte beunruhigen mich: ich spreche nur mit mir und meinen Büchern. (6) Welch ein rechtes und reines Leben! Welch süße und ehrenvolle Muße, fast schöner als jede Tätigkeit! O du

us! o mare, o litus, verum secretumque μουσεῖον, quam multa invenitis, quam multa dictatis!

(7) Proinde tu quoque strepitum istum inanemque discursum et multum ineptos labores, ut primum fuerit occasio, relinque teque studiis vel otio trade! (8) satius est enim, ut Atilius noster eruditissime simul et facetissime dixit, otiosum esse quam nihil agere. vale.

XIII

C. Plinius Sosio [Senecioni] suo s.

(1) Magnum proventum poetarum annus hic attulit: toto mense Aprili nullus fere dies, quo non recitaret aliquis. iuvat me, quod vigent studia, proferunt se ingenia hominum et ostentant, tametsi ad audiendum pigre coitur. (2) plerique in stationibus sedent tempusque audiendi fabulis conterunt, ac subinde sibi nuntiari iubent, an iam recitator intraverit, an dixerit praefationem, an ex magna parte evolverit librum; tum demum ac tunc quoque lente cunctanterque veniunt, nec tamen permanent, sed ante finem recedunt, alii dissimulanter et furtim, alii simpliciter et libere.

(3) At hercule memoria parentum Claudium Caesarem ferunt, cum in palatio spatiaretur audissetque clamorem, causam requisisse, cumque dictum esset recitare Nonianum, subitum recitanti inopinatumque venisse. (4) nunc otiosissimus quisque multo ante rogatus et identidem ad-

Meer, o du Küste, mein wahrer und abgeschiedener Musensitz[6], wie viel Worte lasst ihr mich finden, wie viel Gedanken gebt ihr mir ein!

(7) Daher lass auch Du diesen Lärm, diese nutzlose Geschäftigkeit und die albernen Strapazen hinter Dir, sobald sich eine Gelegenheit ergibt, und widme Dich Deinen Studien oder Deiner Muße! (8) Es ist nämlich besser, wie unser Atilius sehr geistreich und auch sehr witzig sagt, Muße zu haben, als nichts zu tun. Lebe wohl!

13

C. Plinius grüßt seinen Sosius Senecio

(1) Dieses Jahr hat einen großen Ertrag an Dichtern gebracht: Im ganzen Monat April gab es fast keinen Tag, an dem nicht jemand vorlas. Es freut mich, dass die Literatur angesehen ist, die Talente sich hervortun und sich öffentlich zeigen, obwohl man sich nur widerwillig einfindet, um die Vorträge zu hören. (2) Die meisten sitzen in ihren Lokalen und vergeuden die Zeit des Vortrags mit Geschwätz und lassen sich immer wieder berichten, ob der Vortragende schon eingetroffen sei, ob er die Einleitung schon gesprochen, ob er sein Werk zum größten Teil bereits gelesen habe; dann erst, und jetzt auch nur langsam und zögernd, kommen sie, doch bleiben sie nicht, sondern verschwinden vor dem Ende, die einen unauffällig und heimlich, die anderen ganz unbefangen und offen.

(3) Aber bei Gott, zur Zeit unserer Väter soll Kaiser Claudius, als er auf dem Palatin einen Spaziergang machte und Beifallsgeschrei hörte, nach der Ursache gefragt haben; und als man antwortete, Nonianus halte eine Vorlesung, sei er plötzlich und für den Redner unerwartet dort erschienen. (4) Jetzt aber kommen gerade die Menschen, die nichts zu tun haben, obwohl sie lange vorher eingeladen und immer wieder daran erinnert worden sind, entwe-

monitus aut non venit aut, si venit, queritur se diem (quia non perdidit) perdidisse. (5) sed tanto magis laudandi probandique sunt, quos a scribendi recitandique studio haec auditorum vel desidia vel superbia non retardat.

Equidem prope nemini defui. erant sane plerique amici: neque enim est fere quisquam, qui studia, ut non simul et nos amet. (6) his ex causis longius, quam destinaveram, tempus in urbe consumpsi. possum iam repetere secessum et scribere aliquid, quod non recitem, ne videar, quorum recitationibus adfui, non auditor fuisse, sed creditor. nam ut in ceteris rebus, ita in audiendi officio perit gratia, si reposcatur. vale.

XV

Plinius Septicio [Claro] suo s.

(1) Heus tu! promittis ad cenam nec venis? dicitur ius: ad assem impendium reddes, nec id modicum. (2) paratae erant lactucae singulae, cochleae ternae, ova bina, halica cum mulso et nive (nam hanc quoque computabis, immo hanc in primis, quae periit in ferculo), olivae, betacei, cucurbitae, bulbi, alia mille non minus lauta. audisses comoedos vel lectorem vel lyristen vel (quae mea liberalitas) omnes. (3) at tu apud nescio quem ostrea, vulvas, echinos, Gaditanas maluisti.

Dabis poenas, non dico quas, dure fecisti: invidisti, ne-

der gar nicht oder wenn sie kommen, beklagen sie sich, sie hätten den Tag – eben weil sie ihn nicht vergeudet haben – vergeudet. (5) Aber umso mehr müssen die gelobt und anerkannt werden, die sich durch die Interesselosigkeit und den Hochmut der Zuhörer nicht von ihrem Eifer zu schreiben und vorzulesen abbringen lassen.

Ich war praktisch bei allen anwesend. Gewiss waren die meisten Freunde; aber es gibt eben fast niemanden, der die Studien und nicht zugleich auch mich liebt. (6) Deshalb habe ich länger als beabsichtigt meine Zeit in der Stadt verbracht. Nun kann ich mich wieder aufs Land zurückziehen und etwas schreiben, was ich nicht vorzutragen brauche, damit es nicht den Anschein hat, ich sei nicht Zuhörer, sondern Gläubiger[7] der Redner gewesen, deren Vorträgen ich beigewohnt habe. Denn wie bei den übrigen Dingen, so geht auch bei dieser Gefälligkeit des Zuhörens der Wert verloren, wenn man ihre Erwiderung verlangt. Lebe wohl!

15

C. Plinius grüßt seinen Septicius Clarus

(1) He Du! Du sagst Dich zum Essen an und kommst nicht? Das Urteil lautet: Auf Heller und Pfennig genau wirst Du mir die Kosten erstatten, und die sind nicht gering! (2) Vorbereitet waren: ein Kopf Salat, für jeden drei Weinbergschnecken, zwei Eier, Grießbrei mit Honigwein und Eis – denn auch das wirst Du mit einrechnen müssen, ja besonders das, was auf dem Tablett schmilzt –, Oliven, Mangoldwurzeln, Gurken, Zwiebeln und tausend andere nicht weniger köstliche Speisen. Du hättest Schauspieler hören können oder einen Vorleser oder einen Lautenspieler oder, freigebig wie ich bin, alle zusammen. (3) Aber Du hast bei irgendwem Austern, Sautaschen, Seeigel und Tänzerinnen aus Gades vorgezogen.

Das wirst Du mir büßen; wie, sage ich nicht; gefühllos

scio an tibi, certe mihi, sed tamen et tibi. quantum nos lusissemus, risissemus, studuissemus! (4) potes adparatius cenare apud multos, nusquam hilarius, simplicius, incautius. in summa experire et, nisi postea te aliis potius excusaveris, mihi semper excusa! vale.

XXIV

C. Plinius [Baebio] Hispano suo s.

(1) [Suetonius] Tranquillus, contubernalis meus, vult emere agellum, quem venditare amicus tuus dicitur. (2) rogo cures, quanti aequum est, emat: ita enim delectabit emisse. nam mala emptio semper ingrata, eo maxime, quod exprobrare stultitiam domino videtur.

(3) In hoc agello, si modo adriserit pretium, Tranquilli mei stomachum multa sollicitant, vicinitas urbis, opportunitas viae, mediocritas villae, modus ruris, qui avocet magis quam distringat. (4) scholasticis porro dominis, ut hic est, sufficit abunde tantum soli, ut revelare caput, reficere oculos, reptare per limitem unamque semitam terere omnesque viticulas suas nosse et numerare arbusculas possint.

(5) Haec tibi exposui, quo magis scires, quantum esset ille mihi, ego tibi debiturus, si praediolum istud, quod commendatur his dotibus, tam salubriter emerit, ut paenitentiae locum non relinquat. vale.

hast Du gehandelt. Du hast die Freude verdorben, ob Dir, weiß ich nicht, mir gewiss, aber sicherlich auch Dir. Wie hätten wir gescherzt, gelacht und philosophiert! (4) Du kannst bei vielen Leuten prächtiger speisen, nirgends aber heiterer, unbefangener und sorgloser. Kurz und gut, versuche es und, wenn Du dann nicht lieber bei anderen absagen willst, dann sage bei mir für immer ab. Lebe wohl!

24

C. Plinius grüßt seinen Baebius Hispanus

(1) Mein Freund [Suetonius] Tranquillus möchte das kleine Landgut kaufen, das – wie es heißt – ein Freund von Dir verkaufen will. (2) Ich bitte Dich, dafür zu sorgen, dass er es für einen günstigen Preis kaufen kann; denn nur so wird ihm der Kauf Freude machen. Ein schlechter Kauf ist ja immer etwas Unangenehmes, besonders deshalb, weil er seinem Besitzer seine Dummheit vorzuhalten scheint.

(3) Bei diesem kleinen Landgut reizt, wenn nur der Preis annehmbar ist, vieles den Geschmack meines Suetonius Tranquillus: die Nähe zur Stadt, die günstige Lage zur Straße, ein Landhaus von mäßiger Größe, der Umfang der Ländereien, der mehr ablenkt als intensiv beansprucht.

(4) Solchen gelehrten Herren aber, wie er einer ist, genügt völlig so viel Boden, dass sie ihren Kopf erholen, ihre Augen erfrischen, an der Grenze entlangschlendern, immer auf dem gleichen Weg spazieren gehen, alle ihre Weinstöcke kennen und ihre Bäumchen zählen können. (5) Dieses lege ich Dir dar, damit Du besser weißt, wie sehr er mir und ich Dir verpflichtet sein werde, wenn er dieses kleine Landgut, das sich durch so viele Vorzüge empfiehlt, so billig kauft, dass kein Platz für Reue bleibt. Lebe wohl!

Liber secundus

XVII

C. Plinius Gallo suo s.

(1) Miraris, cur me Laurentinum vel, si ita mavis, Laurens meum tanto opere delectet: desines mirari, cum cognoveris gratiam villae, opportunitatem loci, litoris spatium.

(2) Decem septem milibus passuum ab urbe secessit, ut peractis, quae agenda fuerint, salvo iam et composito die possis ibi manere; aditur non una via: nam et Laurentina et Ostiensis eodem ferunt, sed Laurentina a quarto decimo lapide, Ostiensis ab undecimo relinquenda est. utrimque excipit iter aliqua ex parte harenosum, iunctis paulo gravius et longius, equo breve et molle. (3) varia hinc atque inde facies: nam modo occurrentibus silvis via coartatur, modo latissimis pratis diffunditur et patescit; multi greges ovium, multa ibi equorum, boum armenta, quae montibus hieme depulsa herbis et tepore verno nitescunt.

Villa usibus capax, non sumptuosa tutela. (4) cuius in prima parte atrium frugi nec tamen sordidum; deinde porticus in D litterae similitudinem circumactae, quibus parvola, sed festiva area includitur. egregium hae adversus tempestates receptaculum; nam specularibus ac multo magis imminentibus tectis muniuntur. (5) est contra medias cavaedium hilare, mox triclinium satis pulchrum, quod in litus

Zweites Buch

17
C. Plinius grüßt seinen Gallus

(1) Du wunderst Dich, warum mir mein Laurentinisches oder, wenn Du lieber willst, mein Laurentisches Landgut so viel Freude macht; Du wirst aufhören, Dich zu wundern, wenn Du erst den Reiz des Landhauses, die günstige Lage und die weite Ausdehnung des Strandes kennst.

(2) Es ist siebzehn Meilen von Rom entfernt, so dass man nach Erledigung der notwendigen Dinge, wenn die Tagesgeschäfte bereits vollständig abgeschlossen sind, dort verweilen kann. Man gelangt nicht nur auf einem Wege hin; denn die Via Laurentina und Ostiensis[8] führen dorthin; aber die Laurentina muss man am 14., die Ostiensis am 11. Meilenstein verlassen. In beiden Fällen kommt man dann auf einen teilweise sandigen Weg, der für ein Pferdegespann etwas beschwerlich und lang, zu Pferd kurz und angenehm ist. (3) Hier wie dort wechselt das Landschaftsbild, denn bald verengt sich der Weg durch vorspringende Wälder, bald verbreitert und öffnet er sich durch weitausgedehnte Wiesen; hier sieht man viele Schafherden, viele Pferde- und Rinderherden, die, im Winter von den Bergen herabgetrieben, bei Gras und Frühlingssonne gut gedeihen.

Das Landhaus ist für seine Zwecke geräumig, der Unterhalt nicht kostspielig. (4) In seinem vordersten Teil befindet sich ein schlichtes, aber doch gemütliches Atrium[9]; dann kommt ein Säulengang, der sich in Form des Buchstabens D herumzieht, welcher einen kleinen, aber hübschen Hofraum umschließt. Er bietet einen ausgezeichneten Zufluchtsort gegen ungünstige Witterung; denn er wird durch Fensterscheiben[10] und mehr noch durch das vorspringende Dach geschützt. (5) Ihm gegenüber in der Mitte liegt ein freundlicher Innenhof, dann ein recht schö-

excurrit ac, si quando Africo mare impulsum est, fractis iam et novissimis fluctibus leviter adluitur. undique valvas aut fenestras non minores valvis habet atque ita a lateribus, a fronte quasi tria maria prospectat; a tergo cavaedium, porticum, aream, porticum rursus, mox atrium, silvas et longinquos respicit montes.

(6) Huius a laeva retractius paulo cubiculum est amplum, deinde aliud minus, quod altera fenestra admittit orientem, occidentem altera retinet, hac et subiacens mare longius quidem, sed securius intuetur. (7) huius cubiculi et triclinii illius obiectu includitur angulus, qui purissimum solem continet et accendit. hoc hibernaculum, hoc etiam gymnasium meorum est; ibi omnes silent venti exceptis, qui nubilum inducunt et serenum ante quam usum loci eripiunt. (8) adnectitur angulo cubiculum in hapsida curvatum, quod ambitum solis fenestris omnibus sequitur. parieti eius in bybliothecae speciem armarium insertum est, quod non legendos libros, sed lectitandos capit. (9) adhaeret dormitorium membrum transitu interiacente, qui suspensus et tubulatus conceptum vaporem salubri temperamento huc illuc digerit et ministrat. reliqua pars lateris huius servorum libertorumque usibus detinetur, plerisque tam mundis, ut accipere hospites possint.

(10) Ex alio latere cubiculum est politissimum; deinde vel cubiculum grande vel modica cenatio, quae plurimo sole,

nes Speisezimmer, das bis ans Ufer vorspringt und, wenn einmal das Meer vom Südwestwind aufgewühlt ist, von den bereits gebrochenen und auslaufenden Wellen leicht bespült wird. Auf allen Seiten hat es Flügeltüren oder Fenster, die nicht kleiner sind als diese Flügeltüren, und gewährt so von den Seiten und von vorne gleichsam einen Ausblick auf drei Meere;[11] von hinten schaut man auf den Innenhof, den Säulengang, den Hofraum, wieder den Säulengang, dann auf das Atrium, die Wälder und die fernen Berge.

(6) Links von diesem Esszimmer liegt, etwas zurücktretend, ein geräumiges Wohnzimmer, dann ein anderes, kleines, das durch das eine Fenster die Morgensonne einlässt, durch das andere die Abendsonne festhält; von dieser Seite sieht man auf das darunterliegende Meer, zwar aus weiterer, aber sichererer Entfernung. (7) Dieses Wohnzimmer und jenes Speisezimmer bilden dort, wo sie zusammenstoßen, einen Winkel, der die ungebrochenen Sonnenstrahlen auffängt und verstärkt. Dies ist der Winteraufenthaltsort, dies auch der Turnplatz für meine Leute; dort schweigen alle Winde, außer denen, die Regenwolken bringen und die dem Ort eher das heitere Wetter als die Benutzbarkeit nehmen. (8) An diesen Winkel schließt sich ein halbkreisförmiges Schlafzimmer an, das dem Umlauf der Sonne mit allen Fenstern folgt. In seine Wand ist nach Art einer Bibliothek ein Wandschrank eingelassen, der Bücher enthält, die man nicht nur einmal, sondern oft lesen muss. (9) Es schließt sich ein Schlafzimmer an, durch einen dazwischen liegenden Gang verbunden, der, unterkellert und mit Heizrohren versehen, die gesammelte Heißluft in angenehmer Temperatur hierhin und dorthin leitet und verteilt.[12] Der übrige Teil dieses Flügels ist für die Nutzung durch Sklaven und Freigelassene bestimmt; die meisten Zimmer sind so gepflegt, dass sie auch Gäste aufnehmen können.

(10) Im anderen Flügel befindet sich ein sehr geschmackvolles Schlafzimmer, dann ein großes Wohn- bzw. kleines

plurimo mari lucet; post hanc cubiculum cum procoetone, altitudine aestivum, munimentis hibernum; est enim subductum omnibus ventis. huic cubiculo aliud et procoeton communi pariete iunguntur.

(11) Inde balinei cella frigidaria spatiosa et effusa, cuius in contrariis parietibus duo baptisteria velut eiecta sinuantur, abunde capacia, si mare in proximo cogites. adiacet unctorium, hypocauston, adiacet propnigeon balinei, mox duae cellae magis elegantes quam sumptuosae; cohaeret calida piscina mirifica, ex qua natantes mare adspiciunt; (12) nec procul sphaeristerium, quod calidissimo soli inclinato iam die occurrit. hic turris erigitur, sub qua diaetae duae, totidem in ipsa, praeterea cenatio, quae latissimum mare, longissimum litus, villas amoenissimas possidet. (13) est et alia turris; in hac cubiculum, in quo sol nascitur conditurque; lata post apotheca et horreum, sub hoc triclinium, quod turbati maris non nisi fragorem et sonum patitur eumque iam languidum ac desinentem; hortum et gestationem videt, qua hortus includitur.

(14) Gestatio buxo aut rore marino, ubi deficit buxus, ambitur (nam buxus, qua parte defenditur tectis, abunde viret; aperto caelo apertoque vento et quamquam longinqua aspergine maris inarescit); (15) adiacet gestationi interiore circumitu vinea tenera et umbrosa nudisque etiam

Speisezimmer, das im hellen Glanz der Sonne und des Meeres erstrahlt; danach kommt ein Zimmer mit Vorraum, das wegen seiner Höhe für den Sommer, wegen seiner geschützten Lage für den Winter geeignet ist; es ist nämlich vor jedem Wind sicher. Mit diesem Zimmer ist ein anderes, ebenfalls mit Vorraum, durch eine gemeinsame Wand verbunden.

(11) Dann folgt der geräumige und weite Raum für das Kaltwasserbad, an dessen gegenüberliegenden Wänden zwei Bassins gleichsam im Bogen hervorspringen, groß genug, wenn man an das ganz nahe gelegene Meer denkt. Daneben liegen der Massageraum, die Heizungsanlage, der Heizraum für das Bad, dann zwei Räume, eher geschmackvoll als aufwendig; damit ist ein herrliches Warmwasserbecken verbunden, aus dem man beim Schwimmen aufs Meer blickt. (12) Nicht weit davon ist eine Ballspielhalle, die auch im Hochsommer erst Sonne bekommt, wenn sich der Tag schon neigt. Hier erhebt sich ein Turm mit zwei Zimmern unten und oben; außerdem hat er einen Speisesaal mit Blick auf das weite Meer, das ausgedehnte Ufer und die herrlichen Landhäuser. (13) Es gibt auch noch einen anderen Turm; darin befindet sich ein Zimmer, in dem die Sonne auf- und untergeht; dahinter sind ein großer Weinkeller und eine Speisekammer, darunter ein Speisezimmer, das bei stürmischer See nur das Brausen und Tosen eindringen lässt, und auch das nur schwach und gedämpft; dieses Zimmer führt in den Garten und auf eine Promenade, die den Garten umschließt.

(14) Die Promenade ist mit Buchsbaum oder, wo der Buchsbaum nicht wächst, mit Rosmarin eingefasst; denn wo der Buchsbaum durch Gebäude geschützt wird, grünt er üppig; steht er aber unter freiem Himmel und ist dem Wind und der Gischt ausgesetzt, mag sie auch fern vom Meer nur noch ganz fein sein, dann verdorrt er. (15) Längs der Innenseite der Promenade schließt sich ein junger, schattiger Weinlaubengang an, auch für bloße Füße weich

pedibus mollis et cedens. hortum morus et ficus frequens vestit, quarum arborum illa vel maxime ferax terra est, malignior ceteris. hac non deteriore quam maris facie cenatio remota a mari fruitur; cingitur diaetis duabus a tergo, quarum fenestris subiacet vestibulum villae et hortus alius pinguis et rusticus.

(16) Hinc cryptoporticus prope publici operis extenditur. utrimque fenestrae, a mari plures, ab horto singulae et alternis pauciores. hae, cum serenus dies et immotus, omnes, cum hinc vel inde ventis inquietus, qua venti quiescunt, sine iniuria patent. (17) ante cryptoporticum xystus violis odoratus. teporem solis infusi repercussu cryptoporticus auget, quae, ut tenet solem, sic aquilonem inhibet summovetque, quantumque caloris ante, tantum retro frigoris. similiter Africum sistit atque ita diversissimos ventos alium alio latere frangit et finit. haec iucunditas eius hieme, maior aestate. (18) nam ante meridiem xystum, post meridiem gestationis hortique proximam partem umbra sua temperat, quae, ut dies crevit decrevitve, modo brevior modo longior hac vel illa cadit. (19) ipsa vero cryptoporticus tum maxime caret sole, cum ardentissimus culmini eius insistit. ad hoc patentibus fenestris favonios accipit transmittitque nec umquam aëre pigro et manente ingravescit.

(20) In capite xysti, deinceps cryptoporticus, horti, diaeta est, amores mei, re vera amores: ipse posui. in hac

und elastisch. Im Garten wachsen zahlreiche Maulbeer- und Feigenbäume; für sie ist jener Boden besonders fruchtbar, während er für andere Bäume ziemlich ungünstig ist. Diese Aussicht, die nicht weniger schön ist als der Blick auf das Meer, genießt man aus dem Speisesaal, der vom Meer abgewandt ist. Nach hinten wird er von zwei Zimmern abgeschlossen, unter deren Fenstern die Vorhalle des Landhauses und ein ertragreicher ländlicher Küchengarten liegen.

(16) Von dort erstreckt sich eine Wandelhalle, die beinahe wie ein öffentliches Gebäude aussieht. Auf beiden Seiten sind Fenster, zum Meer hin mehr, zum Garten hin nur einzelne, und zwar um die Hälfte weniger. Ist der Tag heiter und windstill, stehen alle ohne Nachteil offen; wenn der Wind aber von der einen oder anderen Seite weht, dann nur die auf der windstillen Seite. (17) Vor der Wandelhalle befindet sich eine von Veilchen duftende Blumenterrasse. Die Wandelhalle verstärkt noch durch Rückstrahlung die Wärme der einfallenden Sonne; und wie sie Sonnenwärme festhält, so hemmt und hält sie den Nordwind ab; so warm es auf der Vorderseite ist, so kühl ist es hinten; ähnlich hält sie den Südwind ab, und so hemmt und vertreibt sie die Winde aus entgegengesetzter Richtung, den einen auf dieser, den anderen auf jener Seite. Diese Annehmlichkeit bietet sie im Winter, eine noch größere im Sommer. (18) Denn vormittags kühlt sie die Terrasse, nachmittags den nächstgelegenen Teil der Promenade und des Gartens mit ihrem Schatten, der, je nachdem der Tag zu- oder abnimmt, bald kürzer, bald länger hierhin oder dorthin fällt. (19) Die Wandelhalle selbst aber hat dann am wenigsten Sonne, wenn diese am heißesten über ihrem Dachgiebel steht. Dazu lässt sie bei geöffneten Fenstern die Westwinde herein und lässt sie durchziehen, und so wird sie nie durch dumpfe, stehende Luft unerträglich.

(20) Am oberen Ende der Terrasse und sodann der Wandelhalle und des Gartens befindet sich ein Gartenpavillon,

heliocaminus quidem alia xystum, alia mare, utraque solem, cubiculum autem valvis cryptoporticum, fenestra prospicit mare. (21) contra parietem medium zotheca perquam eleganter recedit, quae specularibus et velis obductis reductisve modo adicitur cubiculo, modo aufertur. lectum et duas cathedras capit; a pedibus mare, a tergo villae, a capite silvae: tot facies locorum totidem fenestris et distinguit et miscet. iunctum est cubiculum noctis et somni. (22) non illud voces servulorum, non maris murmur, non tempestatum motus, non fulgurum lumen ac ne diem quidem sentit nisi fenestris apertis. tam alti abditique secreti illa ratio, quod interiacens andron parietem cubiculi hortique distinguit atque ita omnem sonum media inanitate consumit. (23) adplicitum est cubiculo hypocauston perexiguum, quod angusta fenestra suppositum calorem, ut ratio exigit, aut effundit aut retinet. procoeton inde et cubiculum porrigitur in solem, quem orientem statim exceptum ultra meridiem oblicum quidem, sed tamen servat. (24) in hanc ego diaetam cum me recepi, abesse mihi etiam a villa mea videor magnamque eius voluptatem praecipue Saturnalibus capio, cum reliqua pars tecti licentia dierum festisque clamoribus personat: nam nec ipse meorum lusibus nec illi studiis meis obstrepunt.

mein Lieblingsaufenthalt, ja wirklich mein Lieblingsaufenthalt! Ich selbst habe ihn angelegt. In ihm befindet sich ein Raum für Sonnenbäder, wo man auf der einen Seite die Terrasse, auf der anderen das Meer, auf beiden Seiten die Sonne sieht; ferner hat man vom Wohnzimmer durch die Flügeltüren einen Ausblick auf die Wandelhalle, durch das Fenster auf das Meer. (21) Gegenüber der Mitte der Wand springt sehr geschmackvoll ein Kabinett vor, das man durch Zu- oder Aufschieben von Glaswänden und auf- oder zugezogene Vorhänge bald mit dem Zimmer verbinden, bald von ihm abteilen kann. Es kann ein Bett und zwei Sessel aufnehmen; zu Füßen hat man das Meer, im Rücken Landhäuser, vor sich Wälder: So viele Landschaftsansichten trennt und vereinigt es durch ebenso viele Fenster. Daran schließt sich ein Zimmer für die Nacht und den Schlaf an. (22) Hier merkt man nicht die Stimmen der Sklaven, das Rauschen des Meeres, das Brausen der Stürme, das Leuchten der Blitze, und nicht einmal das Tageslicht, außer wenn die Fenster geöffnet sind. Der Grund für eine so tiefe, ungestörte Stille liegt darin, dass ein dazwischen liegender Korridor die Wand des Schlafzimmers vom Garten trennt und so jedes Geräusch durch den leeren Raum dazwischen dämpft. (23) Dem Schlafzimmer angefügt ist ein sehr kleiner Heizraum, der durch eine enge Öffnung die von unten heraufströmende Wärme je nach Bedarf herauflässt oder zurückhält. Darauf folgen ein Vorraum und ein Zimmer, das zur Sonne hin liegt und das diese sofort beim Aufgang auffängt und bis über den Mittag behält, dann allerdings nur noch ihre schwachen Strahlen. (24) Wenn ich mich in mein Gartenhaus zurückziehe, habe ich den Eindruck, gar nicht auf meinem Landgut zu sein; und es macht mir, besonders während der Saturnalien[13], ein großes Vergnügen, wenn der übrige Teil des Hauses von der Ausgelassenheit dieser Tage und dem festlichen Lärm widerhallt; denn weder störe ich die Vergnügungen meiner Leute noch sie meine Studien.

(25) Haec utilitas, haec amoenitas deficitur aqua salienti, sed puteos ac potius fontes habet; sunt enim in summo. et omnino litoris illius mira natura: quocumque loco moveris humum, obvius et paratus umor occurrit, isque sincerus ac ne leviter quidem tanta maris vicinitate corruptus. (26) suggerunt adfatim ligna proximae silvae: ceteras copias Ostiensis colonia ministrat. frugi quidem homini sufficit etiam vicus, quem una villa discernit. in hoc balinea meritoria tria, magna commoditas, si forte balineum domi vel subitus adventus vel brevior mora calfacere dissuadeat.

(27) Litus ornant varietate gratissima nunc continua, nunc intermissa tecta villarum, quae praestant multarum urbium faciem, sive mari sive ipso litore utare; quod non numquam longa tranquillitas mollit, saepius frequens et contrarius fluctus indurat. (28) mare non sane pretiosis piscibus abundat, soleas tamen et squillas optimas egerit. villa vero nostra etiam mediterraneas copias praestat, lac in primis; nam illuc e pascuis pecora conveniunt, si quando aquam umbramve sectantur.

(29) Iustisne de causis iam tibi videor incolere, inhabitare, diligere secessum? quem tu nimis urbanus es nisi concupiscis. atque utinam concupiscas! ut tot tantisque dotibus villulae nostrae maxima commendatio ex tuo contubernio accedat. vale.

(25) Bei diesen Vorteilen, diesen Annehmlichkeiten fehlt nur ein Springbrunnen, aber es gibt hier Brunnen oder vielmehr Quellen; sie befinden sich nämlich knapp unter der Erdoberfläche. Und überhaupt ist die Beschaffenheit des Ufers dort erstaunlich: Wo man den Boden aufgräbt, quillt einem das Wasser sofort entgegen, und zwar rein und, obwohl das Meer so nahe ist, nicht einmal leicht brackig. (26) Die Wälder ganz in der Nähe bringen mehr als genug Holz; und die übrigen Vorräte liefert die Stadt Ostia. Für einen sparsamen Mann genügt freilich auch das Dorf, das nur ein Landgut von dem meinen trennt. Dort gibt es drei Mietbäder, eine große Annehmlichkeit, wenn einmal ein überraschendes Eintreffen oder ein nur kurzer Aufenthalt es nicht ratsam erscheinen lassen, das Bad zu Hause anzuheizen.

(27) Die Küste schmücken in sehr gefälligem Wechsel bald zusammenhängende, bald einzeln stehende Landhäuser, die wie viele Städte aussehen, mag man sich auf dem Meer oder auf dem Strand selbst aufhalten. Der Strand ist wegen der anhaltenden Windstille bisweilen angenehm, häufiger aber macht die anhaltende starke Brandung den Aufenthalt unerfreulich. (28) Das Meer hat freilich keinen Überfluss an kostbaren Fischen, doch liefert es Schollen und sehr gute Krabben. Mein Landgut bietet auch binnenländische Erzeugnisse, vor allem Milch; denn dort kommt das Vieh von den Weiden zusammen, wenn es einmal Wasser oder Schatten sucht.

(29) Glaubst Du nun, dass ich aus guten Gründen diese Einsamkeit pflege, bewohne und liebe? Du müsstest schon ein eingefleischter Städter sein, wenn Du jetzt keine Sehnsucht danach hast! Wenn Du sie doch hättest – damit den zahlreichen bedeutenden Vorzügen meines kleinen Landgutes die größte Anerkennung durch Deinen Besuch zuteil würde. Lebe wohl!

Liber tertius

V

C. Plinius [Baebio] Macro suo s.

(1) Pergratum est mihi, quod tam diligenter libros avunculi mei lectitas, ut habere omnes velis quaerasque, qui sint omnes. (2) fungar indicis partibus atque etiam, quo sint ordine scripti, notum tibi faciam; est enim haec quoque studiosis non iniucunda cognitio.

(3) 'DE IACULATIONE EQUESTRI UNUS'; hunc, cum praefectus alae militaret, pari ingenio curaque composuit. 'DE VITA POMPONI SECUNDI DUO'; a quo singulariter amatus hoc memoriae amici quasi debitum munus exsolvit. (4) 'BELLORUM GERMANIAE VIGINTI', quibus omnia, quae cum Germanis gessimus bella, collegit. incohavit, cum in Germania militaret, somnio monitus: adstitit ei quiescenti Drusi Neronis effigies, qui Germaniae latissime victor ibi perit; commendabat memoriam suam orabatque, ut se ab iniuria oblivionis adsereret. (5) 'STUDIOSI TRES', in sex volumina propter amplitudinem divisi, quibus oratorem ab incunabulis instituit et perficit. 'DUBII SERMONIS OCTO' scripsit sub Nerone novissimis annis, cum omne studiorum genus paulo liberius et erectius periculosum servitus fecisset. (6) 'A FINE AUFIDI BASSI TRIGINTA UNUS'. 'NATURAE

Drittes Buch

5

C. Plinius grüßt seinen Baebius Macer

(1) Es ist mir sehr angenehm, dass Du die Schriften meines Onkels so aufmerksam liest, dass Du sie alle haben möchtest und fragst, welche es alle sind. (2) Ich will die Rolle eines Bibliographen übernehmen und Dir sogar bekannt machen, in welcher Reihenfolge sie geschrieben sind; denn auch diese Kenntnis ist für literarisch interessierte Leser immer sehr erfreulich.

(3) »Das Speerwerfen vom Pferd aus« in einem Buch; dieses hat er mit ebenso viel Talent wie Sorgfalt verfasst, als er eine Reiterabteilung führte. »Das Leben des Pomponius Secundus« in zwei Büchern; von diesem außerordentlich geschätzt, hat er die Bücher gleichsam als ein pflichtschuldiges Geschenk dem Andenken des Freundes gewidmet. (4) »Zwanzig Bücher über die Kriege mit den Germanen«; hierin hat er alle Kriege, die wir mit den Germanen geführt haben, gesammelt. Er begann damit während seiner Militärzeit in Germanien, durch einen Traum gemahnt. Es erschien ihm während des Schlafes das Bild des Drusus Nero, der nach Unterwerfung weiter Teile Germaniens dort starb. Er empfahl ihm sein Andenken und bat, er möge seinen Namen vor unverdienter Vergessenheit schützen. (5) »Drei Bücher für den Studierenden der Beredsamkeit«, die wegen ihres Umfanges auf sechs Bände verteilt sind, worin er den Redner von den Anfängen an unterweist und zur Vollendung bringt. »Acht Bücher über den zweifelhaften Sprachgebrauch«. Er schrieb diese unter Nero in den letzten Jahren, als die Unfreiheit jede etwas freiere und mutigere Art literarischer Tätigkeit gefährlich gemacht hätte. (6) »Vom Tod des Aufidius Bassus« in 31 Büchern. »37 Bücher Naturgeschichte«,[14] ein

HISTORIARUM TRIGINTA SEPTEM', opus diffusum, eruditum nec minus varium quam ipsa natura.

(7) Miraris, quod tot volumina multaque in his tamen scrupulosa homo occupatus absolverit; magis miraberis, si scieris illum aliquamdiu causas actitasse, decessisse anno sexto et quinquagensimo, medium tempus distentum impeditumque qua officiis maximis qua amicitia principum egisse. (8) sed erat acre ingenium, incredibile studium, summa vigilantia.

Lucubrare Vulcanalibus incipiebat, non auspicandi causa, sed studendi, statim a nocte multa, hieme vero ab hora septima vel, cum tardissime, octava, saepe sexta. erat sane somni paratissimi, non numquam etiam inter ipsa studia instantis et deserentis. (9) ante lucem ibat ad Vespasianum imperatorem (nam ille quoque noctibus utebatur), inde ad delegatum sibi officium. reversus domum, quod reliquum temporis, studiis reddebat. (10) post cibum saepe, quem interdiu levem et facilem veterum more sumebat, aestate, si quid otii, iacebat in sole, liber legebatur, adnotabat excerpebatque. nihil enim legit, quod non excerperet; dicere etiam solebat nullum esse librum tam malum, ut non aliqua parte prodesset. (11) post solem plerumque frigida lavabatur; deinde gustabat dormiebatque minimum; mox quasi alio die studebat in cenae tempus. super hanc liber legebatur, adnotabatur, et quidem cursim. (12) memini quendam ex amicis, cum lector quaedam perperam pronuntiasset,

umfassendes, gelehrtes Werk, nicht weniger mannigfaltig als die Natur selbst.

(7) Du wunderst Dich, dass ein so beschäftigter Mann so viele Bücher geschrieben hat, und in ihnen so viel Schwieriges? Du wirst Dich noch mehr wundern, wenn Du weißt, dass er eine Zeitlang Prozesse geführt hat, im sechsundfünfzigsten Lebensjahr gestorben ist und dass er in der dazwischen liegenden Zeit teils durch sehr wichtige Pflichten,[15] teils durch die Freundschaft der Kaiser in Anspruch genommen und aufgehalten worden ist. (8) Aber er besaß einen scharfen Verstand, einen unglaublichen Fleiß und war immer hellwach.[16]

Am Vulkanfest[17] begann er bei Licht zu arbeiten, nicht wegen der guten Vorbedeutung, sondern wegen der literarischen Studien, und zwar noch mitten in der Nacht, im Winter um die siebente oder spätestens achte, oft auch um die sechste Nachtstunde. Er konnte freilich jederzeit schlafen, bisweilen befiel ihn der Schlaf auch gerade bei seinen Studien und verließ ihn dann wieder. (9) Vor Tagesanbruch ging er zu Kaiser Vespasian – denn auch der arbeitete nachts –, von dort zu den ihm aufgetragenen Amtsgeschäften. Dann kehrte er nach Hause zurück und widmete die übrige Zeit seinen Studien. (10) Nach dem Essen – er nahm tagsüber nach Art seiner Vorfahren leichte und einfache Kost zu sich – legte er sich im Sommer, wenn er Zeit hatte, oft in die Sonne, ließ sich ein Buch vorlesen, machte Notizen und exzerpierte. Denn er las nichts, ohne sich Auszüge zu machen; er pflegte nämlich zu sagen, kein Buch sei so schlecht, dass es nicht irgendwie nützen könne. (11) Nach dem Sonnen badete er meistens kalt, nahm dann einen Imbiss und schlief ein wenig; dann betrieb er seine Studien bis zur Hauptmahlzeit, als ob ein neuer Tag begonnen hätte. Während der Mahlzeit ließ er ein Buch vorlesen und machte Notizen, und zwar kursorisch. (12) Ich erinnere mich, dass einer seiner Freunde, als ein Vorleser etwas falsch vortrug, ihn unterbrach und auf einer Wiederholung bestand.

revocasse et repeti coegisse; huic avunculum meum dixisse: 'intellexeras nempe?' cum ille adnuisset, 'cur ergo revocabas? decem amplius versus hac tua interpellatione perdidimus.' tanta erat parsimonia temporis. (13) surgebat aestate a cena luce, hieme intra primam noctis et tamquam aliqua lege cogente.

(14) Haec inter medios labores urbisque fremitum. in secessu solum balinei tempus studiis eximebatur: cum dico balinei, de interioribus loquor; nam, dum destringitur tergiturque, audiebat aliquid aut dictabat. (15) in itinere quasi solutus ceteris curis huic uni vacabat: ad latus notarius cum libro et pugillaribus, cuius manus hieme manicis muniebantur, ut ne caeli quidem asperitas ullum studii tempus eriperet; qua ex causa Romae quoque sella vehebatur. (16) repeto me correptum ab eo, cur ambularem: 'poteras', inquit, 'has horas non perdere'; nam perire omne tempus arbitrabatur, quod studiis non impenderetur.

(17) Hac intentione tot ista volumina peregit electorumque commentarios centum sexaginta mihi reliquit, opisthographos quidem et minutissimis scriptos; qua ratione multiplicatur hic numerus. referebat ipse potuisse se, cum procuraret in Hispania, vendere hos commentarios Larcio Licino quadringentis milibus nummum, et tunc aliquanto pauciores erant.

(18) Nonne videtur tibi recordanti, quantum legerit, quantum scripserit, nec in officiis ullis nec in amicitia principis fuisse, rursus, cum audis, quid studiis laboris impen-

Da sagte mein Onkel zu ihm: »Du hattest es doch wohl verstanden?« Als er nickte, fragte er ihn: »Warum ließest du ihn dann wiederholen? Durch deine Unterbrechung haben wir mehr als zehn Zeilen verloren.« So sparsam war er mit seiner Zeit. (13) Im Sommer stand er noch bei Tageslicht vom Tisch auf, im Winter während der ersten Nachtstunde, wie unter dem Zwang eines Gesetzes.

(14) Das tat er inmitten seiner Arbeiten und des Lärms der Stadt. Während seines Landaufenthaltes wurde nur die Zeit des Bades von den Studien ausgenommen. Wenn ich sage »die Zeit des Bades«, spreche ich vom Aufenthalt in den inneren Baderäumen; denn während er sich frottieren und abtrocknen ließ, hörte er sich etwas an oder diktierte. (15) Auf Reisen, gleichsam frei von den übrigen Sorgen, hatte er nur für dies *eine* Zeit. An seiner Seite saß ein Schnellschreiber mit Buch und Schreibtafel, dessen Hände im Winter durch Handschuhe geschützt waren, damit die rauhe Witterung ihm keine Zeit für seine literarischen Arbeiten nehmen konnte; deshalb ließ er sich auch in Rom in einer Sänfte tragen. (16) Ich erinnere mich, dass er mich tadelte und fragte, warum ich zu Fuß ginge: »Du hättest diese Stunden nicht zu verlieren brauchen«; denn er hielt alle Zeit für verloren, die man nicht auf seine literarischen Studien verwendete.

(17) Durch solche Anspannung hat er so viele Bücher vollendet und mir 160 Hefte mit Auszügen hinterlassen, und zwar auch auf der Rückseite und mit sehr kleinen Buchstaben beschrieben; durch dieses Verfahren vervielfacht sich diese Zahl noch. Er selbst berichtete, als er Prokurator in Spanien war, hätte er diese Hefte dem Larcius Licinus für 400 000 Sesterzen verkaufen können; und damals waren es noch viel weniger.

(18) Wenn Du überlegst, wie viel er gelesen, wie viel er geschrieben hat, hast Du da nicht den Eindruck, er habe weder irgendwelche Verpflichtungen erfüllt noch sei er mit dem Kaiser befreundet gewesen? Andererseits, wenn Du

derit, nec scripsisse satis nec legisse? quid est enim, quod non aut illae occupationes impedire aut haec instantia non possit efficere? (19) itaque soleo ridere, cum me quidam studiosum vocant, qui, si comparer illi, sum desidiosissimus. ego autem tantum, quem partim publica, partim amicorum officia distringunt? quis ex istis, qui tota vita litteris adsident, collatus illi non quasi somno et inertiae deditus erubescat?

(20) Extendi epistulam, cum hoc solum, quod requirebas, scribere destinassem, quos libros reliquisset; confido tamen haec quoque tibi non minus grata quam ipsos libros futura, quae te non tantum ad legendos eos, verum etiam ad simile aliquid elaborandum possunt aemulationis stimulis excitare. vale.

XVI

C. Plinius Nepoti suo s.

(1) Adnotasse videor facta dictaque virorum feminarumque alia clariora esse, alia maiora. (2) confirmata est opinio mea hesterno Fanniae sermone. neptis haec Arriae illius, quae marito et solacium mortis et exemplum fuit. multa referebat aviae suae non minora hoc, sed obscuriora; quae tibi existimo tam mirabilia legenti fore, quam mihi audienti fuerunt.

(3) Aegrotabat Caecina Paetus, maritus eius, aegrotabat

hörst, wie viel Mühe er auf seine Studien verwandt hat, kommt es Dir nicht so vor, er habe nicht genug geschrieben und gelesen? Denn was könnten jene Beschäftigungen nicht verhindern oder was könnte dieser Eifer nicht alles bewirken? (19) Deshalb muss ich immer lachen, wenn mich manche fleißig nennen, der ich im Vergleich zu ihm ein rechter Faulpelz bin. Doch etwa nur ich, den teils öffentliche Pflichten, teils solche gegenüber den Freunden in Anspruch nehmen? Wer von denen, die ihr ganzes Leben hinter ihren Büchern sitzen, muss, mit ihm verglichen, nicht schamrot werden, als ob er seine Zeit mit Schlafen und Nichtstun zugebracht hätte?

(20) Ich habe den Brief in die Länge gezogen, obwohl ich mir nur vorgenommen hatte, Deine Anfrage zu beantworten, nämlich welche Bücher er hinterlassen habe; ich bin jedoch überzeugt, dass auch dies Dir nicht weniger willkommen sein dürfte als die Bücher selbst; es kann Dich nicht nur zur Lektüre dieser Bücher anspornen, sondern auch ein Ansporn zur Nacheiferung sein, der Dich antreibt, etwas Ähnliches vorzulegen. Lebe wohl!

16

C. Plinius grüßt seinen Nepos

(1) Ich habe wohl die Bemerkung gemacht, von den Taten und Worten der Männer und Frauen seien einige berühmter, andere aber eigentlich großartiger. (2) In dieser Meinung wurde ich gestern durch ein Gespräch mit Fannia bestärkt. Sie ist die Enkelin jener berühmten Arria, die ihrem Mann Trost und Vorbild im Sterben war. Sie erzählte mir noch vieles von ihrer Großmutter, was ebenso bedeutend, aber weniger bekannt ist als dieses; Du wirst es wohl ebenso bewundern, wenn Du es liest, wie ich, als ich davon hörte.

(3) Ihr Mann, Caecina Paetus, und ihr Sohn waren

et filius, uterque mortifere, ut videbatur. filius decessit eximia pulchritudine, pari verecundia, et parentibus non minus ob alia carus, quam quod filius erat. (4) huic illa ita funus paravit, ita duxit exsequias, ut ignoraret maritus; quin immo, quotiens cubiculum eius intraret, vivere filium atque etiam commodiorem esse simulabat ac persaepe interroganti, quid ageret puer, respondebat: 'bene quievit, libenter cibum sumpsit.' (5) deinde, cum diu cohibitae lacrimae vincerent prorumperentque, egrediebatur: tunc se dolori dabat; satiata siccis oculis, composito vultu redibat, tamquam orbitatem foris reliquisset. (6) praeclarum quidem illud eiusdem, ferrum stringere, perfodere pectus, extrahere pugionem, porrigere marito, addere vocem immortalem ac paene divinam: 'Paete, non dolet.' sed tamen ista facienti, ista dicenti gloria et aeternitas ante oculos erant; quo maius est sine praemio aeternitatis, sine praemio gloriae abdere lacrimas, operire luctum amissoque filio matrem adhuc agere. (…)

krank, beide, wie es schien, lebensgefährlich. Der Sohn starb; er war ein Mensch von außergewöhnlicher Schönheit und ebensolchem Ehrgefühl, seinen Eltern wegen seiner anderen Eigenschaften nicht weniger teuer, als weil er ihr Sohn war. (4) Sie besorgte für ihn die Bestattung und hielt das Leichenbegängnis so ab, dass ihr Mann nichts merkte; ja, sooft sie sein Schlafzimmer betrat, tat sie so, als lebe der Sohn noch und es gehe ihm sogar besser; und sehr oft antwortete sie, wenn er sich nach dem Befinden des Jungen erkundigte: »Er hat gut geschlafen, er hat mit großem Appetit gegessen.« (5) Wenn dann die lange zurückgehaltenen Tränen die Oberhand gewannen und hervorstürzten, ging sie hinaus; erst dann überließ sie sich ihrem Schmerz; hatte sie sich ausgeweint, trocknete sie die Augen und kehrte mit gefasster Miene zurück, als ob sie ihren Verlust draußen zurückgelassen hätte. (6) Großartig ist gewiss die Tat ebendieser Frau, wie sie den Dolch zog, ihn in die Brust stieß, ihn wieder herauszog, ihrem Mann reichte und die unsterblichen, beinahe göttlichen Worte hinzufügte: »Paetus, es tut nicht weh.« Aber als sie das tat und sagte, hatte sie Ruhm und Unsterblichkeit vor Augen; umso größer ist es, ohne den Lohn der Unsterblichkeit, ohne den Preis des Ruhmes, die Tränen zu verbergen, die Trauer zu verheimlichen und nach Verlust des Sohnes noch die Mutter zu spielen. (…)

Liber quartus

XIII

C. Plinius [Cornelio] Tacito suo s.

(1) Salvum in urbem venisse gaudeo. venisti autem, si quando alias, nunc maxime mihi desideratus. ipse pauculis adhuc diebus in Tusculano commorabor, ut opusculum, quod est in manibus, absolvam. (2) vereor enim, ne, si hanc intentionem iam in fine laxavero, aegre resumam. interim, ne quid festinationi meae pereat, quod sum praesens petiturus, hac quasi praecursoria epistula rogo. sed prius accipe causas rogandi!

(3) Proxime cum in patria mea fui, venit ad me salutandum municipis mei filius praetextatus. huic ego 'studes?' inquam. respondit: 'etiam.' – 'ubi?' – 'Mediolani.' – 'cur non hic?' et pater eius (erat enim una atque etiam ipse adduxerat puerum): 'quia nullos hic praeceptores habemus.' – 'quare nullos? (4) nam vehementer intererat vestra, qui patres estis' (et opportune complures patres audiebant), 'liberos vestros hic potissimum discere. ubi enim aut iucundius morarentur quam in patria, aut pudicius continerentur quam sub oculis parentum, aut minore sumptu quam domi? (5) quantulum est ergo collata pecunia conducere praeceptores, quodque nunc in habitationes, in viatica, in ea, quae peregre emuntur (omnia autem peregre emuntur), impenditis, adicere mercedibus?

Viertes Buch

13

C. Plinius grüßt seinen Cornelius Tacitus

(1) Ich freue mich, dass Du wohlbehalten in die Stadt gekommen bist; wenn überhaupt jemals, so ist Deine Ankunft mir jetzt ganz besonders willkommen. Ich selbst werde mich noch ein paar Tage auf meinem Landgut bei Tusculum aufhalten, um ein kleines Werk, das ich in Arbeit habe, zu vollenden. (2) Ich fürchte nämlich, wenn ich, schon fast am Ende, in meinem Eifer nachlasse, werde ich die Arbeit nur mit Mühe wieder aufnehmen. Damit mir meine Ungeduld nichts verdirbt, bitte ich Dich inzwischen in diesem Brief gleichsam als einem Vorläufer, um was ich Dich noch persönlich bitten werde. Aber höre zuerst die Beweggründe meiner Bitte.

(3) Als ich kürzlich in meiner Heimatstadt war, kam der jugendliche Sohn eines Mitbürgers zu mir, um mir seine Aufwartung zu machen.[18] Ich fragte ihn: »Studierst du?« Er antwortete: »Ja.« »Wo?« »In Mailand.« »Warum nicht hier?« Und sein Vater – er war nämlich dabei und hatte auch selbst den Jungen mitgebracht – sagte: »Weil wir hier keine Lehrer haben.« »Warum habt ihr keine? (4) Denn ihr, die ihr Väter seid« – und glücklicherweise hörten mehrere Väter zu –, »müsstet doch ein großes Interesse daran haben, dass eure Kinder am liebsten hier studieren. Wo nämlich könnten sie angenehmer leben als in ihrer Heimatstadt oder in besserer Zucht gehalten werden als unter den Augen der Eltern oder weniger kosten als zu Hause?

(5) Es wäre doch eine Kleinigkeit, Geld zu sammeln und Lehrer anzustellen und das, was ihr jetzt für Wohnung, Reisegeld und für Dinge, die man in der Fremde kauft – in der Fremde aber wird alles gekauft –, aufwendet, der Besoldung hinzuzufügen?

Atque adeo ego, qui nondum liberos habeo, paratus sum pro re publica nostra, quasi pro filia vel parente, tertiam partem eius, quod conferre vobis placebit, dare. (6) totum etiam pollicerer, nisi timerem, ne hoc munus meum quandoque ambitu corrumperetur, ut accidere multis in locis video, in quibus praeceptores publice conducuntur. (7) huic vitio occurri uno remedio potest, si parentibus solis ius conducendi relinquatur, isdemque religio recte iudicandi necessitate collationis addatur. (8) nam, qui fortasse de alieno neglegentes, certe de suo diligentes erunt dabuntque operam, ne a me pecuniam non nisi dignus accipiat, si accepturus et ab ipsis erit. (9) proinde consentite, conspirate maioremque animum ex meo sumite, qui cupio esse quam plurimum, quod debeam conferre.

Nihil honestius praestare liberis vestris, nihil gratius patriae potestis. educentur hic, qui hic nascuntur, statimque ab infantia natale solum amare, frequentare consuescant. atque utinam tam claros praeceptores inducatis, ut in finitimis oppidis studia hinc petantur, utque nunc liberi vestri aliena in loca, ita mox alieni in hunc locum confluant!'

(10) Haec putavi altius et quasi a fonte repetenda, quo magis scires, quam gratum mihi foret, si susciperes, quod iniungo. iniungo autem et pro rei magnitudine rogo, ut ex copia studiosorum, quae ad te ex admiratione ingenii tui convenit, circumspicias praeceptores, quos sollicitare pos-

Ja sogar ich, der ich noch keine Kinder habe, bin bereit, für unsere Gemeinde wie für eine Tochter oder eine Mutter ein Drittel der Summe zu geben, die ihr zusammenbringen wollt. (6) Ich würde auch den ganzen Betrag versprechen, wenn ich nicht fürchtete, meine Spende könnte irgendwann einmal durch Korruption missbraucht werden, was, wie ich sehe, an vielen Orten geschieht, an denen Lehrer auf Gemeindekosten angestellt werden. (7) Diesem Übel kann man nur mit einem Mittel begegnen, wenn man den Eltern allein das Anstellungsrecht überlässt und ihnen zugleich mit dem Zwang des Kostenbeitrags die Verpflichtung, die richtige Wahl zu treffen, auferlegt. (8) Denn, mag einer vielleicht mit fremdem Geld nachlässig umgehen, bei seinem eigenen wird er sicher Sorgfalt walten lassen. Er wird sich Mühe geben, dass nur ein Würdiger das Geld von mir bekommt, wenn er auch von ihnen selbst etwas bekommen wird. (9) Deshalb seid einig, handelt gemeinsam und fasst noch größeren Mut aus meinem Beispiel; denn ich wünsche, dass der Betrag, den ich beisteuern muss, möglichst groß sei.

Nichts Ehrenvolleres könnt ihr euren Kindern, nichts Willkommeneres eurer Heimatstadt erweisen. Es sollen hier erzogen werden, die hier geboren werden; und sofort von Kindheit an sollen sie sich gewöhnen, ihren Geburtsort zu lieben und gern dort zu wohnen. Und möchtet ihr doch so berühmte Lehrer gewinnen, dass die Nachbarstädte hierher ihre Kinder zum Studium schicken, und, wie jetzt eure Kinder in fremde Städte, so mögen fremde Kinder bald in unsere Stadt strömen!«

(10) Ich glaubte, dies weiter und gleichsam von Grund auf ausführen zu müssen, damit Du umso besser weißt, wie angenehm es mir wäre, wenn Du meinen Auftrag übernähmst. Ich trage Dir aber auf und bitte Dich der Wichtigkeit der Sache entsprechend, dass Du aus der Menge der Studenten, die aus Bewunderung für Dein Talent bei Dir zusammenkommt, Lehrer auswählst, die wir zur Mel-

simus, sub ea tamen condicione, ne cui fidem meam obstringam. omnia enim libera parentibus servo: illi iudicent, illi eligant; ego mihi curam tantum et impendium vindico. (11) proinde, si quis fuerit repertus, qui ingenio suo fidat, eat illuc ea lege, ut hinc nihil aliud certum quam fiduciam suam ferat! vale.

XIX

C. Plinius [Calpurniae] Hispullae suae s.

(1) Cum sis pietatis exemplum fratremque optimum et amantissimum tui pari caritate dilexeris filiamque eius ut tuam diligas nec tantum amitae ei adfectum, verum etiam patris amissi repraesentes, non dubito maximo tibi gaudio fore, cum cognoveris dignam patre, dignam te, dignam avo evadere. (2) summum est acumen, summa frugalitas: amat me, quod castitatis indicium est.

Accedit his studium litterarum, quod ex mei caritate concepit. meos libellos habet, lectitat, ediscit etiam. (3) qua illa sollicitudine, cum videor acturus, quanto, cum egi, gaudio adficitur! disponit, qui nuntient sibi, quem adsensum, quos clamores excitarim, quem eventum iudicii tulerim. eadem, si quando recito, in proximo discreta velo sedet laudesque nostras avidissimis auribus excipit. (4) versus quidem meos cantat etiam formatque cithara, non artifice aliquo docente, sed amore, qui magister est optimus.

dung veranlassen können, doch unter der Bedingung, dass ich keinem ein sicheres Versprechen geben kann. In allem lasse ich nämlich den Eltern freie Hand: sie sollen urteilen, sie sollen auswählen; ich beanspruche für mich nur die Aufsicht und die Kosten. (11) Wenn sich daher jemand findet, der seiner Begabung vertraut, so soll er unter der Bedingung dorthin gehen, dass er von hier keine andere Sicherheit mitnimmt als sein Selbstvertrauen. Lebe wohl!

19

C. Plinius grüßt seine Calpurnia Hispulla

(1) Da Du ein Muster an Verwandtenliebe bist und Deinem vortrefflichen Bruder mit gleicher Zuneigung verbunden warst wie er Dir, und da Du seine Tochter [Calpurnia] wie Deine eigene liebst und ihr nicht nur die Zuneigung einer Tante erweist, sondern auch die ihres verstorbenen Vaters, wirst Du ohne Zweifel mit großer Freude hören, dass sie sich ihres Vaters, Deiner und ihres Großvaters würdig entwickelt. (2) Sie besitzt einen sehr großen Scharfsinn und ist sehr sparsam; sie liebt mich, was ein Zeichen für Unverdorbenheit ist.

Hinzu kommt ihr Interesse für Literatur, das sie aus Liebe zu mir gewonnen hat. Sie besitzt meine Schriften, liest sie eifrig und lernt sie sogar auswendig. (3) Wie besorgt ist sie, wenn ich als Redner vor Gericht auftreten soll, wie sehr freut sie sich, wenn es vorbei ist! Sie beauftragt Leute, die ihr melden sollen, welche Zustimmung, welchen Beifall ich hervorgerufen, welchen Erfolg ich bei Gericht erreicht habe. Wenn ich einmal rezitiere, sitzt sie auch in nächster Nähe hinter einem Vorhang verborgen und hört mit begierigen Ohren mein Lob. (4) Meine Verse singt sie sogar und begleitet sie auf der Harfe, ohne von einem Künstler unterrichtet worden zu sein, sondern aus Liebe, die ja die beste Lehrmeisterin ist.

(5) His ex causis in spem certissimam adducor perpetuam nobis maioremque in dies futuram esse concordiam. non enim aetatem meam aut corpus, quae paulatim occidunt ac senescunt, sed gloriam diligit. (6) nec aliud decet tuis manibus educatam, tuis praeceptis institutam, quae nihil in contubernio tuo viderit nisi sanctum honestumque, quae denique amare me ex tua praedicatione consueverit. (7) nam, cum matrem meam parentis vice vererere, me a pueritia statim formare, laudare talemquc, qualis nunc uxori meae videor, ominari solebas. (8) certatim ergo tibi gratias agimus, ego, quod illam mihi, illa, quod me sibi dederis, quasi invicem elegeris. vale.

XXV

C. Plinius [Maesio] Maximo suo s.

(1) Scripseram tibi verendum esse, ne ex tacitis suffragiis vitium aliquod exsisteret. factum est.

Proximis comitiis in quibusdam tabellis multa iocularia atque etiam foeda dictu, in una vero pro candidatorum nominibus suffragatorum nomina inventa sunt. (2) excanduit senatus magnoque clamore ei, qui scripsisset, iratum principem est comprecatus. ille tamen fefellit et latuit, fortasse etiam inter indignantes fuit. (3) quid hunc putamus domi facere, qui in tanta re tam serio tempore tam scurriliter ludat, qui denique omnino in senatu dicax et urbanus et bellus est? (4) tantum licentiae pravis ingeniis adicit illa fidu-

(5) Aus diesen Gründen hoffe ich ganz zuversichtlich, dass unsere Eintracht beständig ist und von Tag zu Tag zunehmen wird. Denn sie liebt nicht meine Jugend oder meine Gestalt, die ja allmählich vergeht und altert, sondern meinen Ruhm. (6) Denn nichts anderes ziemt sich auch für ein Mädchen, das unter Deinen Händen erzogen, durch Deine Lehren unterwiesen worden ist, das in Deinem Umgang nichts anderes gesehen hat als Anstand und Ehrbarkeit, das schließlich aufgrund Deiner Empfehlung mich zu lieben gelernt hat. (7) Denn da Du meine Mutter wie Deine eigene verehrtest, so pflegtest Du auch mich sogleich von Kindheit an zu bilden, zu loben und mich als den Mann im voraus zu wünschen, als der ich nun meiner Frau erscheine. (8) Wir danken Dir also um die Wette, ich, dass Du sie mir, sie, dass Du mich ihr gegeben hast, als hättest Du uns füreinander ausgewählt. Lebe wohl!

25

C. Plinius grüßt seinen Maesius Maximus

(1) Ich hatte Dir geschrieben,[19] es sei zu befürchten, dass aus den geheimen Abstimmungen irgendein Missbrauch entstehen könne. Das ist jetzt geschehen.

Bei den letzten Wahlen fand man auf einigen Stimmtafeln viele Späße und sogar abscheuliche Wörter, auf einer aber anstelle der Namen der Kandidaten die Namen derer, die sie vorgeschlagen hatten.[20] (2) Der Senat wurde zornig und wünschte laut auf den, der solches geschrieben hatte, den Zorn des Kaisers herab. Jener jedoch führte uns hinters Licht und blieb verborgen; vielleicht befand er sich auch unter denen, die entrüstet waren. (3) Was mag wohl so einer erst zu Hause tun, der bei einer so wichtigen Sache, bei einem so ernsten Zeitpunkt solche Possen treibt, ja der überhaupt im Senat als Spötter, Witzbold und Spaßvogel auftritt? (4) So viel Frechheit gibt verdorbenen Men-

cia: 'quis enim sciet?' poposcit tabellas, stilum accepit, demisit caput, neminem veretur, se contemnit. inde ista ludibria scaena et pulpito digna.

(5) Quo te vertas? quae remedia conquiras? ubique vitia remediis fortiora. ἀλλὰ ταῦτα τῷ ὑπὲρ ἡμᾶς μελήσει, cui multum cotidie vigiliarum, multum laboris adicit haec nostra iners et tamen effrenata petulantia. vale.

schen die Zuversicht: »Wer wird es denn erfahren?« Er forderte die Stimmtäfelchen, nahm den Griffel, senkte den Kopf; niemanden fürchtet er, vor sich selbst hat er keine Achtung. Daher diese Späße, die auf die Bühne und in den Zirkus gehören.

(5) Wohin soll man sich wenden? Welche Heilmittel soll man suchen? Überall sind die Übel stärker als die Heilmittel.[21] Aber das ist die Aufgabe dessen, der über uns steht, dem unser träger und doch zügelloser Mutwille täglich viel Schlaflosigkeit und viel Mühe bereitet. Lebe wohl!

Liber sextus

IV

C. Plinius Calpurniae suae s.

(1) Numquam sum magis de occupationibus meis questus, quae me non sunt passae aut proficiscentem te valetudinis causa in Campaniam prosequi aut profectam e vestigio subsequi. (2) nunc enim praecipue simul esse cupiebam, ut oculis meis crederem, quid viribus, quid corpusculo apparares, ecquid denique secessus voluptates regionisque abundantiam inoffensa transmitteres.

(3) Equidem etiam fortem te non sine cura desiderarem: est enim suspensum et anxium de eo, quem ardentissime diligas, interdum nihil scire; (4) nunc vero me cum absentiae tum infirmitatis tuae ratio incerta et varia sollicitudine exterret. vereor omnia, imaginor omnia, quaeque natura metuentium est, ea maxime mihi, quae maxime abominor, fingo. (5) quo impensius rogo, ut timori meo cotidie singulis vel etiam binis epistulis consulas. ero enim securior, dum lego, statimque timebo, cum legero. vale.

VII

C. Plinius Calpurniae suae s.

(1) Scribis te absentia mea non mediocriter adfici unumque habere solacium, quod pro me libellos meos teneas,

Sechstes Buch

4

C. Plinius grüßt seine Calpurnia

(1) Niemals habe ich mich mehr über meine Beschäftigungen beklagt, die nicht zuließen, Dich zu begleiten, als Du Deiner Gesundheit wegen nach Campanien reistest, oder nach Deiner Abreise Dir unmittelbar zu folgen. (2) Denn jetzt wünsche ich besonders, bei Dir zu sein, um mich mit eigenen Augen zu überzeugen, wie sich Deine Kräfte, wie sich Dein Körper erholt, ob Du schließlich die Vergnügungen des Kurortes und das Luxusleben der Gegend ohne Schaden überstehst.

(3) Auch wenn Du wieder gekräftigt bist, würde ich Dich nicht ohne Sorge vermissen. Denn es ist immer ein beunruhigendes und beängstigendes Gefühl, von dem, den man so glühend liebt, bisweilen nichts zu wissen. (4) Nun aber quält mich sowohl die Sorge wegen Deiner Abwesenheit, besonders aber wegen Deiner Krankheit mit Ungewissheit und mancherlei Unruhe. Ich befürchte alles, ich bilde mir alles ein, und, wie es in der Natur furchtsamer Menschen liegt, bilde ich mir das am meisten ein, was ich am meisten hinwegwünsche. (5) Desto inständiger bitte ich Dich, mich von meiner Angst durch einen oder auch zwei Briefe am Tag zu befreien. Denn ich werde ruhiger sein, während ich sie lese, und sofort wieder voller Furcht, wenn ich sie gelesen habe. Lebe wohl!

7

C. Plinius grüßt seine Calpurnia

(1) Du schreibst, die Trennung von mir gehe Dir sehr nahe und Du habest nur den einen Trost, dass Du statt

saepe etiam in vestigio meo colloces. (2) gratum est, quod nos requiris, gratum, quod his fomentis adquiescis: invicem ego epistulas tuas lectito atque identidem in manus quasi novas sumo; sed eo magis ad desiderium tui accendor. (3) nam, cuius litterae tantum habent suavitatis, huius sermonibus quantum dulcedinis inest! tu tamen quam frequentissime scribe, licet hoc ita me delectet, ut torqueat. vale.

XVI

C. Plinius Tacito suo s.

(1) Petis, ut tibi avunculi mei exitum scribam, quo verius tradere posteris possis. gratias ago; nam video morti eius, si celebretur a te, immortalem gloriam esse propositam. (2) quamvis enim pulcherrimarum clade terrarum, ut populi, ut urbes, memorabili casu quasi semper victurus occiderit, quamvis ipse plurima opera et mansura condiderit, multum tamen perpetuitati eius scriptorum tuorum aeternitas addet. (3) equidem beatos puto, quibus deorum munere datum est aut facere scribenda aut scribere legenda, beatissimos vero, quibus utrumque. horum in numero avunculus meus et suis libris et tuis erit. quo libentius suscipio, deposco etiam, quod iniungis.

(4) Erat Miseni classemque imperio praesens regebat. nonum Kal. Septembres hora fere septima mater mea indi-

meiner meine Schriften besitzt und sie oft auf meinen Platz legst. (2) Es ist angenehm, dass Du mich vermisst, angenehm, dass Du bei diesen Trostmitteln Ruhe findest; auch ich lese Deine Briefe immer wieder und nehme sie immer wieder zur Hand, als wären sie neu; aber umso brennender wird meine Sehnsucht nach Dir. (3) Denn wessen Briefe schon so viel Reiz besitzen, wie viel Anmut müssen dann erst dessen Gespräche haben! Schreibe Du mir dennoch möglichst oft, mag es mich auch ebenso erfreuen wie quälen! Lebe wohl!

16

C. Plinius grüßt seinen Tacitus

(1) Du bittest mich, Dir vom Lebensende meines Onkels zu berichten, damit Du es möglichst wahrheitsgetreu der Nachwelt überliefern kannst. Ich danke Dir. Ich sehe nämlich, dass seinen Tod unsterblicher Ruhm erwartet, wenn er von Dir würdig dargestellt wird. (2) Denn er ist zwar bei der Zerstörung der herrlichsten Landschaften, ebenso wie die Völker und Städte, bei einem denkwürdigen Untergang ums Leben gekommen, um gleichsam ewig fortzuleben; zwar hat er selbst sehr viele unsterbliche Werke verfasst, dennoch werden Deine unvergänglichen Schriften viel zu seinem Fortleben beitragen.[22] (3) Ich freilich halte die für glücklich, die von den Göttern die Gabe erhalten haben, entweder beschreibenswerte Taten zu vollbringen oder lesenswerte zu beschreiben; für die glücklichsten aber halte ich die, welche beides erhalten haben. Zu diesen wird mein Onkel durch seine und Deine Werke gehören. Umso bereitwilliger übernehme ich, ja fordere es geradezu von mir, was Du mir aufträgst.

(4) Er befand sich in Misenum und befehligte dort persönlich die Flotte. Am 24. August, ungefähr um die siebente Stunde [13 Uhr], meldete ihm meine Mutter, es zeige

cat ei apparere nubem inusitata et magnitudine et specie. (5) usus ille sole, mox frigida, gustaverat iacens studebatque; poscit soleas, ascendit locum, ex quo maxime miraculum illud conspici poterat. nubes, incertum procul intuentibus, ex quo monte (Vesuvium fuisse postea cognitum est), oriebatur, cuius similitudinem et formam non alia magis arbor quam pinus expresserit. (6) nam longissimo velut trunco elata in altum quibusdam ramis diffundebatur, credo, quia recenti spiritu evecta, dein senescente eo destituta aut etiam pondere suo victa in latitudinem vanescebat, candida interdum, interdum sordida et maculosa, prout terram cineremve sustulerat.

(7) Magnum propiusque noscendum, ut eruditissimo viro, visum. iubet liburnicam aptari: mihi, si venire una vellem, facit copiam; respondi studere me malle, et forte ipse, quod scriberem, dederat. (8) egrediebatur domo: accipit codicillos Rectinae Casci imminenti periculo exterritae (nam villa eius subiacebat, nec ulla nisi navibus fuga); ut se tanto discrimini eriperet, orabat. (9) vertit ille consilium et, quod studioso animo incohaverat, obit maximo. deducit quadriremes, ascendit ipse non Rectinae modo, sed multis (erat enim frequens amoenitas orae) laturus auxilium. (10) properat illuc, unde alii fugiunt, rectumque cursum, recta gubernacula in periculum tenet adeo solutus metu, ut om-

sich eine Wolke von ungewöhnlicher Größe und Gestalt. (5) Jener hatte ein Sonnenbad genommen, dann ein kaltes Bad, hatte im Liegen gespeist und widmete sich nun seinen Studien. Er forderte seine Sandalen und stieg zu einem Punkt empor, von dem aus man diese wundersame Erscheinung am besten betrachten konnte. Eine Wolke erhob sich; für die, welche aus der Ferne schauten, war es unsicher, von welchem Berg – dass es der Vesuv war, erkannte man später[23] –; ihre Gestalt dürfte wohl am ehesten einer Pinie ähnlich gewesen sein. (6) Denn sie wuchs wie mit einem Riesenstamm empor und teilte sich dann in mehrere Äste, wohl deshalb, weil sie von einem frischen Luftstrom emporgehoben wurde, dann aber, wenn dieser nachließ, den Auftrieb verlor, oder auch weil sie sich wegen ihres Eigengewichtes in die Breite verflüchtigte. Bisweilen war sie weiß, bisweilen schmutzig und fleckig, je nachdem sie Erde oder Asche emporgeworfen hatte.

(7) Als einem Gelehrten schien ihm die Sache wichtig und einer näheren Untersuchung wert zu sein. Er ließ einen Schnellsegler bereitmachen. Mir stellte er frei, ob ich mitkommen wolle. Ich erwiderte, ich wolle lieber bei meinen Studien bleiben, und zufällig hatte er selbst mir gerade etwas zum Schreiben gegeben. (8) Er wollte gerade das Haus verlassen; da erhielt er ein Schreiben der Rectina, der Frau des Cascus, die wegen der drohenden Gefahr sehr beunruhigt war – ihr Haus lag nämlich am Fuße des Vesuvs, und ein Entkommen war nur zu Schiff möglich –; sie bat ihn, er möge sie aus einer so großen Gefahr retten. (9) Er änderte seinen Plan, und was er im Wissensdrang begonnen hatte, verfolgte er nun mit Heldenmut. Er ließ Vierruderer in See stechen, bestieg selbst ein Schiff, um nicht nur Rectina, sondern vielen Menschen – die Küste war nämlich wegen ihrer anmutigen Lage dicht besiedelt – Hilfe zu bringen.[24] (10) Er eilte dorthin, von wo andere flohen, und steuerte geradewegs auf die Gefahr zu, so ganz ohne jede Furcht, dass er tatsächlich alle Phasen und Erscheinungs-

nis illius mali motus, omnis figuras, ut deprenderat oculis, dictaret enotaretque.

(11) Iam navibus cinis incidebat, quo propius accederent, calidior et densior, iam pumices etiam nigrique et ambusti et fracti igne lapides, iam vadum subitum ruinaque montis litora obstantia. cunctatus paulum, an retro flecteret, mox gubernatori, ut ita faceret, monenti 'fortes', inquit, 'fortuna iuvat, Pomponianum pete!' (12) Stabiis erat, diremptus sinu medio (nam sensim circumactis curvatisque litoribus mare infunditur); ibi, quamquam nondum periculo appropinquante, conspicuo tamen et, cum cresceret, proximo, sarcinas contulerat in naves certus fugae, si contrarius ventus resedisset. quo tunc avunculus meus secundissimo invectus complectitur trepidantem, consolatur, hortatur, utque timorem eius sua securitate leniret, deferri in balineum iubet: lotus accubat, cenat aut hilaris aut, quod aeque magnum, similis hilari.

(13) Interim e Vesuvio monte pluribus locis latissimae flammae altaque incendia relucebant, quorum fulgor et claritas tenebris noctis excitabatur. ille agrestium trepidatione ignes relictos desertasque villas per solitudinem ardere in remedium formidinis dictitabat. tum se quieti dedit et quievit verissimo quidem somno. nam meatus animae, qui illi propter amplitudinem corporis gravior et sonantior erat, ab iis, qui limini obversabantur, audiebatur. (14) sed area, ex qua diaeta adibatur, ita iam cinere mixtisque pumi-

formen dieses Unglücks, wie er sie mit seinen Augen wahrnahm, diktierte und aufschreiben ließ.

(11) Schon fiel Asche auf die Schiffe, desto heißer und dichter, je näher sie herankamen. Schon fielen auch Bimssteine und schwarzes, vom Feuer verbranntes und geborstenes Gestein; schon entstand eine plötzliche Untiefe, und das Gestade war durch Trümmerbrocken vom Vesuv unzugänglich geworden. Er zögerte einen Moment, ob er umkehren solle, sagte dann aber zum Steuermann, der dazu riet: »Dem Mutigen hilft das Glück,[25] fahre zu Pomponianus!« (12) Dieser befand sich in Stabiae, getrennt durch die dazwischen liegende Bucht – denn das Meer strömt in einem sanft gekrümmten Bogen zum Land hin –; zwar war hier die Gefahr noch etwas fern, doch schon sichtbar, und wenn sie zunahm, war sie ganz rasch da; daher hatte Pomponianus sein Gepäck auf die Schiffe bringen lassen, fest entschlossen zur Flucht, wenn sich der Gegenwind gelegt hätte. Dorthin fuhr nun mein Onkel mit dem für ihn äußerst günstigen Wind, umarmte den Verängstigten, tröstete und ermunterte ihn, und um dessen Angst durch seine eigene Unbesorgtheit zu lindern, ließ er sich ins Bad tragen. Nach dem Bad setzte er sich zu Tisch und speiste gelassen oder, was ebenso großartig ist, anscheinend gelassen.

(13) Inzwischen leuchteten aus dem Vesuv an mehreren Stellen gewaltige Flammenstreifen und hohe Brände auf, deren strahlende Helligkeit durch die Dunkelheit der Nacht noch gesteigert wurde. Um die Furcht zu beschwichtigen, erklärte mein Onkel immer wieder, die Bauern hätten in ihrer Bestürzung ihre Herdfeuer im Stich gelassen und die verlassenen Gehöfte stünden nun brennend in der Einsamkeit.[26] Dann begab er sich zur Ruhe und schlief wirklich ganz fest. Denn seine Atemzüge, die bei ihm wegen seiner Körperfülle ziemlich schwer und laut waren, hörten diejenigen, die sich vor der Schwelle aufhielten. (14) Aber der Hof, durch den man Zugang zu seinem Zimmer hatte, war schon mit einem Gemisch von Asche

cibus oppleta surrexerat, ut, si longior in cubiculo mora, exitus negaretur. excitatus procedit seque Pomponiano ceterisque, qui pervigilaverant, reddit. (15) in commune consultant, intra tecta subsistant an in aperto vagentur. nam crebris vastisque tremoribus tecta nutabant et quasi emota sedibus suis nunc huc, nunc illuc abire aut referri videbantur. (16) sub dio rursus quamquam levium exesorumque pumicum casus metuebatur; quod tamen periculorum collatio elegit. et apud illum quidem ratio rationem, apud alios timorem timor vicit. cervicalia capitibus imposita linteis constringunt; id munimentum adversus incidentia fuit.

(17) Iam dies alibi, illic nox omnibus noctibus nigrior densiorque, quam tamen faces multae variaque lumina solabantur. placuit egredi in litus et ex proximo adspicere, ecquid iam mare admitteret, quod adhuc vastum et adversum permanebat. (18) ibi super abiectum linteum recubans semel atque iterum frigidam poposcit hausitque. deinde flammae flammarumque praenuntius odor sulpuris alios in fugam vertunt, excitant illum. (19) innitens servolis duobus adsurrexit et statim concidit, ut ego colligo, crassiore caligine spiritu obstructo clausoque stomacho, qui illi natura invalidus et angustus et frequenter interaestuans erat. (20) ubi dies redditus (is ab eo, quem novissime viderat, tertius), corpus inventum integrum, inlaesum opertumque, ut fuerat indutus: habitus corporis quiescenti quam defuncto similior.

und Bimsstein so hoch angefüllt, dass bei einem längeren Aufenthalt im Schlafzimmer ein Entkommen nicht mehr möglich gewesen wäre. Er wurde also aufgeweckt, ging ins Freie und begab sich zu Pomponianus und den übrigen, welche die Nacht durchwacht hatten. (15) Gemeinsam überlegten sie, ob sie im Hause bleiben oder im Freien auf und ab gehen sollten. Denn durch häufige starke Beben schwankten die Häuser und schienen, gleichsam aus ihren Fundamenten gehoben, sich bald hierhin, bald dorthin zu neigen. (16) Andererseits fürchtete man unter freiem Himmel das Herabfallen von Bimssteinen, wenn diese auch leicht ausgeglüht waren. Doch zog man bei einem Vergleich der Gefahren das letztere vor. Bei ihm besiegte eine vernünftige Überlegung, bei den anderen eine Befürchtung die andere. Sie legten sich Kopfkissen auf ihren Kopf und banden sie mit Leinentüchern fest; das diente als Schutz gegen herabfallende Steine.

(17) Schon war es anderswo Tag, dort aber Nacht, schwärzer und dichter als alle Nächte, doch machten viele Fackeln und verschiedene Lichter sie erträglich. Man beschloss, zum Strand zu gehen und aus nächster Nähe zu schauen, ob das Meer schon die Ausfahrt zuließe; das aber blieb immer noch wild und stürmisch. (18) Dort legte sich mein Onkel auf eine ausgebreitete Decke, verlangte wiederholt kaltes Wasser und trank es. Dann trieben Flammen und der Vorbote der Flammen, der Schwefelgeruch, die anderen in die Flucht, ihn veranlassten sie aufzustehen. (19) Gestützt auf zwei Sklaven erhob er sich, brach aber sofort zusammen, weil, wie ich vermute, der ziemlich dicke Qualm seinen Atem hemmte und seine Luftröhre verschloss, die bei ihm von Natur schwach, eng und häufig entzündet, asthmatisch war. (20) Nachdem es wieder Tag geworden war – es war der dritte nach dem, den er zuletzt erlebt hatte –, fand man seinen Körper unversehrt, ohne Verletzung[27], mit derselben Kleidung wie zuletzt. Er glich in seiner äußeren Erscheinung eher einem Schlafenden als einem Toten.

(21) Interim Miseni ego et mater – sed nihil ad historiam, nec tu aliud quam de exitu eius scire voluisti. finem ergo faciam. (22) unum adiciam: omnia me, quibus interfueram, quaeque statim, cum maxime vera memorantur, audieram, persecutum. tu potissima excerpes: aliud est enim epistulam, aliud historiam, aliud amico, aliud omnibus scribere. vale.

XX

C. Plinius Tacito suo s.

(1) Ais te adductum litteris, quas exigenti tibi de morte avunculi mei scripsi, cupere cognoscere, quos ego Miseni relictus (id enim ingressus abruperam) non solum metus, verum etiam casus pertulerim. ‘quamquam animus meminisse horret …, incipiam.’

(2) Profecto avunculo ipse reliquum tempus studiis (ideo enim remanseram) impendi; mox balineum, cena, somnus inquietus et brevis. (3) praecesserat per multos dies tremor terrae minus formidolosus, quia Campaniae solitus; illa vero nocte ita invaluit, ut non moveri omnia, sed verti crederentur. (4) inrumpit cubiculum meum mater: surgebam invicem, si quiesceret, excitaturus. resedimus in area domus, quae mare a tectis modico spatio dividebat. (5) dubito, constantiam vocare an imprudentiam debeam (agebam

(21) Inzwischen waren meine Mutter und ich in Misenum – aber das gehört nicht zur Geschichte, und Du hast ja nur etwas über sein Lebensende wissen wollen. Also will ich schließen. (22) Das eine möchte ich noch hinzufügen: dass ich alles berichtet habe, was ich selbst erlebt und was ich gleich anfangs erfahren habe, wo man die wirklichen Ereignisse noch ganz wahrheitsgetreu erzählt. Du wirst das Wichtigste auswählen. Es ist nämlich etwas anderes, einen Brief, etwas anderes, Geschichte, etwas anderes, für einen Freund, und wieder etwas anderes, für die Allgemeinheit zu schreiben. Lebe wohl!

20

C. Plinius grüßt seinen Tacitus

(1) Der Brief, den ich Dir auf Dein Verlangen hin über den Tod meines Onkels schrieb, habe Dich, wie Du sagst, gespannt darauf gemacht zu erfahren, welche Ängste und auch welche Gefahren ich, in Misenum zurückgeblieben, ertragen habe; denn als ich darüber zu berichten begann, habe ich abgebrochen. »Zwar schreckt mein Herz bei der Erinnerung zurück, aber dennoch will ich beginnen.«[28]

(2) Nach der Abfahrt meines Onkels verbrachte ich selbst die übrige Zeit mit meinen Studien – denn deshalb war ich ja dageblieben –; dann nahm ich ein Bad, speiste und schlief, aber unruhig und kurz. (3) Vorausgegangen waren schon viele Tage lang Erdstöße, was nicht so sehr beunruhigte, weil es in Campanien üblich war. In jener Nacht aber nahm es so zu, dass man glauben konnte, alles bewege sich nicht, sondern stürze ein. (4) Meine Mutter kam aufgeregt in mein Schlafzimmer; ich meinerseits wollte gerade aufstehen, um sie zu wecken, falls sie noch schliefe. Wir setzten uns im Hof des Hauses nieder, der das Meer von den Gebäuden in mäßigem Abstand trennte. (5) Ich weiß nicht recht, ob ich es Unerschrockenheit oder Un-

enim duodevicensimum annum): posco librum Titi Livi et quasi per otium lego atque etiam, ut coeperam, excerpo. ecce amicus avunculi, qui nuper ad eum ex Hispania venerat; ut me et matrem sedentes, me vero etiam legentem videt, illius patientiam, securitatem meam corripit. nihilo segnius ego intentus in librum.

(6) Iam hora diei prima, et adhuc dubius et quasi languidus dies. iam quassatis circumiacentibus tectis, quamquam in aperto loco, angusto tamen, magnus et certus ruinae metus. (7) tum demum excedere oppido visum; sequitur vulgus attonitum, quodque in pavore simile prudentiae, alienum consilium suo praefert ingentique agmine abeuntis premit et impellit. (8) egressi tecta consistimus. multa ibi miranda, multas formidines patimur. nam vehicula, quae produci iusseramus, quamquam in planissimo campo, in contrarias partes agebantur ac ne lapidibus quidem fulta in eodem vestigio quiescebant. (9) praeterea mare in se resorberi et tremore terrae quasi repelli videbamus. certe processerat litus multaque animalia maris siccis harenis detinebat. ab altero latere nubes atra et horrenda ignei spiritus tortis vibratisque discursibus rupta in longas flammarum figuras dehiscebat: fulguribus illae et similes et maiores erant.

(10) Tum vero idem ille ex Hispania amicus acrius et instantius 'si frater', inquit, 'tuus, tuus avunculus vivit, vult

vorsichtigkeit nennen soll – ich war nämlich erst 18 Jahre alt –: ich verlangte nach einem Buch des Titus Livius und las darin sozusagen in aller Ruhe und machte mir auch, wie ich begonnen hatte, Auszüge. Da erschien ein Freund meines Onkels, der kürzlich aus Spanien zu ihm gekommen war. Wie er meine Mutter und mich so dasitzen sah, mich sogar lesend, tadelte er heftig ihre Gleichgültigkeit und meine Sorglosigkeit. Ich beschäftigte mich mit meinem Buch darum nicht weniger eifrig.

(6) Es war schon die erste Stunde des Tages, und das Tageslicht erschien uns noch dämmrig und sozusagen müde. Schon wurden die umliegenden Häuser heftig erschüttert, und wir hatten, obwohl wir uns auf einem freien, jedoch beengten Platz aufhielten, große und berechtigte Furcht vor einem Einsturz. (7) Da endlich fassten wir den Entschluss, die Stadt zu verlassen. Es folgte uns eine verstörte Menschenmenge, und was in der Angst der Klugheit ähnelt: Sie zog fremden Rat dem eigenen vor, und man drückte und stieß uns beim Aufbruch in einem gewaltigen Zug vorwärts. (8) Nachdem wir die Häuser hinter uns gelassen hatten, machten wir halt. Hier mussten wir viel Seltsames, viel Schreckliches erleben. Denn die Wagen, die wir hatten hinausfahren lassen, rollten hin und her, obwohl sie sich auf völlig ebenem Gelände befanden, und blieben nicht einmal dann an Ort und Stelle stehen, wenn Steine untergelegt wurden. (9) Außerdem sahen wir, dass das Meer zurückflutete und durch die Erdstöße gleichsam zurückgetrieben wurde. Jedenfalls hatte sich der Strand erweitert und hielt viele Meerestiere im trockenen Sand fest. Auf der anderen Seite wurde eine schauerliche schwarze Wolke von feurig-zuckenden Schlangenlinien zerrissen und spaltete sich immer wieder in lange Feuergarben: Sie glichen Blitzen, waren aber größer.

(10) Darauf aber mahnte jener Freund aus Spanien noch heftiger und eindringlicher: »Wenn dein Bruder, wenn dein Onkel noch lebt, dann will er, dass ihr gerettet werdet. Ist

esse vos salvos; si periit, superstites voluit. proinde quid cessatis evadere?' respondimus non commissuros nos, ut de salute illius incerti nostrae consuleremus. (11) non moratus ultra proripit se effusoque cursu periculo aufertur.

Nec multo post illa nubes descendere in terras, operire maria: cinxerat Capreas et absconderat, Miseni quod procurrit, abstulerat. (12) tum mater orare, hortari, iubere, quoquo modo fugerem; posse enim iuvenem, se et annis et corpore gravem bene morituram, si mihi causa mortis non fuisset. ego contra: salvum me nisi una non futurum; dein manum eius amplexus addere gradum cogo. (13) paret aegre incusatque se, quod me moretur.

Iam cinis, adhuc tamen rarus. respicio: densa caligo tergis imminebat, quae nos torrentis modo infusa terrae sequebatur. 'deflectamus', inquam, 'dum videmus, ne in via strati comitantium turba in tenebris obteramur'. (14) vix consideramus, et nox, non qualis inlunis aut nubila, sed qualis in locis clausis lumine exstincto. audires ululatus feminarum, infantum quiritatus, clamores virorum: alii parentes, alii liberos, alii coniuges vocibus requirebant, vocibus noscitabant; (15) hi suum casum, illi suorum miserabantur; erant, qui metu mortis mortem precarentur; multi ad deos manus tollere, plures nusquam iam deos ullos

er aber umgekommen, so wünschte er, dass ihr überlebt. Was zögert ihr also, der Gefahr zu entfliehen?« Wir erwiderten, wir würden es nicht fertigbringen, an unsere Rettung zu denken, solange wir seinetwegen im Ungewissen seien. (11) Er blieb nicht länger, stürzte davon und entzog sich im schnellen Lauf der Gefahr.

Nicht viel später senkte sich jene Wolke auf die Erde herab und bedeckte das Meer. Schon hatte sie Capri rings umschlossen und verhüllt, das Vorgebirge von Misenum unseren Blicken entzogen. (12) Da bat, mahnte und befahl mir meine Mutter, ich solle auf irgendeine Weise fliehen; denn ich sei noch jung und könne es, sie dagegen, altersschwach und schwerfällig, werde ruhig sterben, wenn sie nur nicht schuld würde an meinem Tode. Ich entgegnete: ich wolle nur zusammen mit ihr gerettet werden. Darauf fasste ich sie bei der Hand und zwang sie so, ihre Schritte zu beschleunigen. (13) Sie fügte sich nur widerwillig und machte sich Vorwürfe, dass sie mich aufhalte.

Schon fiel Asche, aber zunächst noch wenig. Ich schaute zurück. Hinter uns drohte dichter Qualm, der sich über die Erde ergoss und uns wie ein Gießbach folgte. »Wir wollen vom Wege abbiegen«, sagte ich, »solange wir noch etwas sehen, damit wir nicht auf der Straße niedergestoßen und in der Dunkelheit von der Masse der mit uns Flüchtenden zertreten werden.« (14) Kaum hatten wir uns niedergesetzt, da war es auch schon Nacht, aber nicht so wie eine mondlose und bewölkte, sondern wie in einem geschlossenen Raum, wenn das Licht gelöscht ist. Man hörte das Wehklagen der Frauen, das Wimmern der Kinder, das Geschrei der Männer. Die einen riefen nach ihren Eltern, andere nach ihren Kindern, wieder andere nach ihren Ehepartnern und suchten sie an ihrer Stimme zu erkennen. (15) Diese beklagten ihr eigenes Schicksal, jene das ihrer Angehörigen. Es gab auch Leute, die aus Furcht vor dem Tode den Tod herbeiwünschten. Viele erhoben die Hände zu den Göttern, noch mehr erklärten, nirgends gebe es

aeternamque illam et novissimam noctem mundo interpretabantur. nec defuerunt, qui fictis mentitisque terroribus vera pericula augerent. aderant, qui Miseni illud ruisse, illud ardere falso, sed credentibus nuntiabant. (16) paulum reluxit, quod non dies nobis, sed adventantis ignis indicium videbatur. et ignis quidem longius substitit, tenebrae rursus, cinis rursus multus et gravis. hunc identidem adsurgentes excutiebamus; operti alioqui atque etiam oblisi pondere essemus. (17) possem gloriari non gemitum mihi, non vocem parum fortem in tantis periculis excidisse, nisi me cum omnibus, omnia mecum perire misero, magno tamen mortalitatis solacio credidissem.

(18) Tandem illa caligo tenuata quasi in fumum nebulamve discessit; mox dies verus, sol etiam effulsit, luridus tamen, qualis esse, cum deficit, solet. occursabant trepidantibus adhuc oculis mutata omnia altoque cinere tamquam nive obducta. (19) regressi Misenum curatis utcumque corporibus suspensam dubiamque noctem spe ac metu exegimus. metus praevalebat; nam et tremor terrae perseverabat, et plerique lymphati terrificis vaticinationibus et sua et aliena mala ludificabantur. (20) nobis tamen ne tunc quidem, quamquam et expertis periculum et exspectantibus, abeundi consilium, donec de avunculo nuntius.

Haec nequaquam historia digna non scripturus leges et

mehr Götter, und die ewige und letzte Nacht sei über die Welt gekommen. Es fehlte nicht an Leuten, die mit erfundenen und erlogenen Schauergeschichten die wirklichen Gefahren noch vergrößerten. Auch gab es Leute, die fälschlicherweise berichteten, in Misenum sei dieses eingestürzt, jenes stehe in Flammen, doch man glaubte ihnen. (16) Es wurde wieder ein wenig hell, aber das schien uns nicht das Tageslicht, sondern das Anzeichen eines herannahenden Feuers zu sein. Das Feuer freilich kam in größerer Entfernung zum Stillstand, wieder wurde es dunkel, wieder fiel dichte und schwere Asche. Immer wieder erhoben wir uns und schüttelten diese von uns ab; andernfalls wären wir zugedeckt und auch von ihrem Gewicht erdrückt worden. (17) Ich könnte mich rühmen, dass ich keinen Seufzer, kein zaghaftes Wort trotz solch drohender Gefahren von mir gegeben habe, wenn ich nicht geglaubt hätte, ich ginge zugleich mit allem und alles mit mir zugrunde, ein kümmerlicher, aber doch im Tode auch großer Trost für uns Menschen.

(18) Endlich wurde jener Qualm dünner und verflüchtigte sich gleichsam in Rauch und Nebel. Bald wurde es wirklich Tag, sogar die Sonne leuchtete hervor, jedoch nur fahl, wie bei einer Sonnenfinsternis. Alles erschien unseren noch verängstigten Augen verändert und hoch mit Asche wie mit Schnee bedeckt. (19) Wir kehrten nach Misenum zurück, richteten uns ein, so gut es ging, und verbrachten eine unruhige Nacht, zwischen Hoffnung und Furcht schwankend. Die Furcht überwog; denn die Erdstöße dauerten an, und sehr viele Menschen, außer sich durch schreckenerregende Prophezeiungen, spotteten über ihr eigenes Unglück und das der anderen.[29] (20) Zwar kannten wir die Gefahr und erwarteten sie weiterhin, aber dennoch fassten wir auch jetzt nicht den Entschluss wegzugehen, bis wir eine Nachricht vom Onkel hätten.

Du wirst diese Erlebnisse, die keineswegs eines Geschichtswerkes würdig sind, lesen, ohne sie in Deinem

tibi, scilicet qui requisisti, imputabis, si digna ne epistula quidem videbuntur. vale.

XXI

C. Plinius Caninio suo s.

(1) Sum ex iis, qui mirer antiquos, non tamen, ut quidam, temporum nostrorum ingenia despicio. neque enim quasi lassa et effeta natura nihil iam laudabile parit. (...)

Werk niederzuschreiben; Du wirst es *Dir* zuschreiben – denn es war *Deine* Bitte –, wenn sie nicht einmal einen Brief zu verdienen scheinen. Lebe wohl!

21

C. Plinius grüßt seinen Caninius

(1) Ich gehöre zwar zu denen, die die Alten bewundern, verachte aber dennoch nicht die talentierten Männer unserer Zeit[30], wie es manche tun. Denn die Natur ist ja nicht sozusagen müde und erschöpft, als könne sie nichts Lobenswertes mehr hervorbringen. (…)

Liber septimus

V

C. Plinius Calpurniae suae s.

(1) Incredibile est, quanto desiderio tui tenear. in causa amor primum, deinde quod non consuevimus abesse. inde est, quod magnam noctium partem in imagine tua vigil exigo, inde, quod interdiu, quibus horis te visere solebam, ad diaetam tuam ipsi me, ut verissime dicitur, pedes ducunt, quod denique aeger et maestus ac similis excluso a vacuo limine recedo. unum tempus his tormentis caret, quo in foro et amicorum litibus conteror.

(2) Aestima tu, quae vita mea sit, cui requies in labore, in miseria curisque solacium! vale.

XXVII

C. Plinius Surae suo s.

(1) Et mihi discendi et tibi docendi facultatem otium praebet. igitur perquam velim scire, esse phantasmata et habere propriam figuram numenque aliquod putes an inania et vana ex metu nostro imaginem accipere.

(2) Ego ut esse credam, in primis eo ducor, quod audio accidisse Curtio Rufo. tenuis adhuc et obscurus obtinenti Africam comes haeserat. inclinato die spatiabatur in porti-

Siebtes Buch

5

C. Plinius grüßt seine Calpurnia

(1) Es ist unglaublich, wie sehr ich mich nach Dir sehne. Der Grund dafür ist zunächst meine Liebe, dann, weil wir es nicht gewohnt sind, voneinander getrennt zu sein. Daher kommt es, dass ich einen großen Teil der Nächte mit Deinem Bild vor Augen wachend zubringe; daher geschieht es, dass mich tagsüber in den Stunden, in denen ich Dich zu besuchen pflegte, wie man sehr zutreffend sagt, von selbst meine Füße zu Deinem Zimmer führen, dass ich schließlich leidend und traurig, als hätte man mich ausgeschlossen,[31] Dein leeres Zimmer verlasse. Nur *die* Zeit ist frei von dieser Pein, in der ich mich vor Gericht in den Prozessen meiner Freunde aufreibe.

(2) Mach Du Dir ein Bild, was für ein Leben ich führe, der ich Ruhe in der Arbeit, Trost in Kummer und Sorgen finde! Lebe wohl!

27

C. Plinius grüßt seinen [Licinius] Sura

(1) Die Muße bietet mir die Möglichkeit, etwas zu lernen, und Dir, mich zu belehren. Ich möchte also sehr gerne wissen, ob es nach Deiner Meinung Gespenster gibt, ob sie eine eigene Gestalt haben und überirdische Wesen sind, oder ob sie leere und wesenlose Gebilde sind, die nur in unserer Furcht Gestalt annehmen.

(2) Dass ich an ihre Existenz glaube, dazu veranlasst mich besonders ein Erlebnis, das Curtius Rufus gehabt haben soll. Als er noch unbedeutend und ohne Vermögen war, hatte er sich dem Statthalter von Africa als Begleiter

cu; offertur ei mulieris figura humana grandior pulchriorque; perterrito Africam se, futurorum praenuntiam, dixit; iturum enim Romam honoresque gesturum atque etiam cum summo imperio in eandem provinciam reversurum ibique moriturum. facta sunt omnia. (3) praeterea accedenti Carthaginem egredientique nave eadem figura in litore occurrisse narratur. ipse certe implicitus morbo, futura praeteritis, adversa secundis auguratus, spem salutis nullo suorum desperante proiecit.

(4) Iam illud nonne et magis terribile et non minus mirum est, quod exponam, ut accepi? (5) erat Athenis spatiosa et capax domus, sed infamis et pestilens. per silentium noctis sonus ferri et, si attenderes acrius, strepitus vinculorum longius primo, deinde e proximo reddebatur: mox apparebat idolon, senex macie et squalore confectus, promissa barba, horrenti capillo; cruribus compedes, manibus catenas gerebat quatiebatque. (6) inde inhabitantibus tristes diraeque noctes per metum vigilabantur; vigiliam morbus et crescente formidine mors sequebatur. nam interdiu quoque, quamquam abscesserat imago, memoria imaginis oculis inerrabat, longiorque causis timoris timor erat. deserta inde et damnata solitudine domus totaque illi monstro relicta; proscribebatur tamen, seu quis emere, seu quis conducere ignarus tanti mali vellet.

(7) Venit Athenas philosophus Athenodorus, legit titulum auditoque pretio, quia suspecta vilitas, percunctatus

angeschlossen. Am Abend ging er in einer Säulenhalle spazieren. Da trat ihm eine Frauengestalt von übernatürlicher Größe und Schönheit entgegen. Er erschrak heftig. Sie aber sagte, sie sei Africa und künde ihm die Zukunft. Er werde nämlich nach Rom gehen, Ehrenämter bekleiden und dann als Statthalter in diese Provinz zurückkehren und hier sterben. Alles ist so eingetreten. (3) Als er in Karthago gelandet sei und sein Schiff verlassen habe, sei ihm, so wird erzählt, zudem dieselbe Gestalt am Ufer erschienen. Jedenfalls befiel ihn dort eine Krankheit; aus der Vergangenheit schloss er auf die Zukunft und aus dem Glück auf das Unglück; so gab er die Hoffnung auf seine Genesung auf, als noch niemand von den Seinen dran zweifelte.

(4) Ist nicht folgende Geschichte noch schrecklicher und doch ebenso wunderbar? Ich will sie erzählen, wie ich sie gehört habe. (5) In Athen gab es ein sehr geräumiges, aber verrufenes und unheilbringendes Haus. In der Stille der Nacht ertönte das Geräusch von Eisen und, wenn man genauer hinhörte, zunächst aus weiterer Entfernung, dann aus der Nähe das Klirren von Ketten. Darauf erschien ein Gespenst, ein alter Mann, durch Abmagerung und Schmutz heruntergekommen, mit einem langen Bart und struppigem Haar. Er trug an den Beinen Fesseln, an den Händen Ketten und schüttelte sie. (6) Daher durchwachten die Hausbewohner aus Angst trostlose, schreckliche Nächte. Der Schlaflosigkeit folgte Krankheit und mit zunehmender Furcht sogar der Tod. Denn auch tagsüber trat ihnen die Erinnerung an das Gespenst vor Augen, obwohl dieses schon längst verschwunden war; und die Furcht blieb länger als die Ursache der Furcht. Daher wurde das Haus verlassen, zur Einsamkeit verdammt und ganz jenem Unhold überlassen. Dennoch bot man es öffentlich zum Verkauf an, falls es jemand in Unkenntnis dieses so großen Nachteiles kaufen oder mieten wollte.

(7) Es kam der Philosoph Athenodorus nach Athen, las die Anzeige, hörte den Preis und erkundigte sich, weil ihm

omnia docetur ac nihilo minus, immo tanto magis conducit. ubi coepit advesperascere, iubet sterni sibi in prima domus parte, poscit pugillares, stilum, lumen; suos omnes in interiora dimittit, ipse ad scribendum animum, oculos, manum intendit, ne vacua mens audita simulacra et inanes sibi metus fingeret. (8) initio, quale ubique, silentium noctis, dein concuti ferrum, vincula moveri: ille non tollere oculos, non remittere stilum, sed offirmare animum auribusque praetendere. tum crebrescere fragor, adventare et iam ut in limine, iam ut intra limen audiri. respicit, videt agnoscitque narratam sibi effigiem. (9) stabat innuebatque digito similis vocanti; hic contra, ut paulum exspectaret, manu significat rursusque ceris et stilo incumbit. illa scribentis capiti catenis insonabat; respicit rursus idem quod prius innuentem nec moratus tollit lumen et sequitur. (10) ibat illa lento gradu, quasi gravis vinculis; postquam deflexit in aream domus, repente dilapsa deserit comitem. desertus herbas et folia concerpta signum loco ponit. (11) postero die adit magistratus, monet, ut illum locum effodi iubeant. inveniuntur ossa inserta catenis et implicita, quae corpus aevo terraque putrefactum nuda et exesa reliquerat vinculis; collecta publice sepeliuntur. domus postea rite conditis manibus caruit.

der niedrige Preis verdächtig vorkam, genauer; er erfuhr alles und mietete das Haus dennoch, ja nun erst recht. Als es anfing, dunkel zu werden, ließ er sich im vorderen Teil des Hauses ein Lager herrichten, verlangte Schreibtafel, Griffel und Licht. Seine Leute schickte er alle in die inneren Räume; er selbst richtete seine Gedanken, Augen und seine Hand aufs Schreiben, damit ihm sein unbeschäftigter Geist nicht die Erscheinungen, von denen er gehört hatte, vorspiegele und ihm unbegründete Ängste einjage. (8) Anfangs herrschte, wie überall, die Stille der Nacht; dann klirrte Eisen, Ketten rasselten. Er hob nicht seine Augen, legte den Griffel nicht beiseite, sondern blieb gefasst und ließ sich von dem Gehörten nicht beeindrucken. Der Lärm nahm zu, näherte sich und war schon an der Türschwelle, schon im Zimmer zu hören. Er schaute auf, sah und erkannte das Gespenst, wie man es ihm beschrieben hatte. (9) Es stand da und winkte ihm mit dem Finger zu, als wollte es ihn rufen. Er dagegen gab mit der Hand ein Zeichen, es solle noch ein wenig warten, und beschäftigte sich wieder mit der Wachstafel und dem Griffel. Da rasselte das Gespenst über dem Kopf des Schreibenden mit seinen Ketten; er schaute wieder auf, sah das Gespenst wieder wie vorher winken, nahm ohne Zögern das Licht und folgte. (10) Das Gespenst ging mit langsamen Schritten, gleichsam mit Ketten beschwert. Nachdem es in den Hof des Hauses abgebogen war, verschwand es plötzlich und ließ den Begleiter zurück. Alleingelassen, wie er war, rupfte er Gras und Blätter ab und bezeichnete damit die Stelle. (11) Am folgenden Tag ging er zu den Behörden und forderte sie auf, jene Stelle aufgraben zu lassen. Man fand mit Ketten gefesselte und umwickelte Gebeine, die der mit der Zeit in der Erde verweste Körper nackt und vermodert in den Fesseln zurückgelassen hatte. Man sammelte die Gebeine und bestattete sie auf Kosten der Gemeinde. Nachdem die Manen gebührend bestattet worden waren,[32] blieb das Haus in der Folgezeit unbehelligt.

(12) Et haec quidem adfirmantibus credo; illud adfirmare aliis possum: est libertus mihi non inlitteratus. cum hoc minor frater eodem lecto quiescebat. is visus est sibi cernere quendam in toro residentem admoventemque capiti suo cultros atque etiam ex ipso vertice amputantem capillos. ubi inluxit, ipse circa verticem tonsus, capilli iacentes reperiuntur. (13) exiguum temporis medium, et rursus simile aliud priori fidem fecit. puer in paedagogio mixtus pluribus dormiebat: venerunt per fenestras (ita narrat) in tunicis albis duo cubantemque detonderunt et, qua venerant, recesserunt. hunc quoque tonsum sparsosque circa capillos dies ostendit. (14) nihil notabile secutum, nisi forte quod non fui reus, futurus, si Domitianus, sub quo haec acciderunt, diutius vixisset. nam in scrinio eius datus a Caro de me libellus inventus est; ex quo coniectari potest, quia reis moris est summittere capillum, recisos meorum capillos depulsi, quod imminebat, periculi signum fuisse.

(15) Proinde rogo, eruditionem tuam intendas. digna res est, quam diu multumque consideres, ne ego quidem indignus, cui copiam scientiae tuae facias. (16) licet etiam utramque in partem, ut soles, disputes, ex altera tamen fortius, ne me suspensum incertumque dimittas, cum mihi consulendi causa fuerit, ut dubitare desinerem. vale.

(12) Und dieses freilich glaube ich denen, die es bezeugen. Die folgende Geschichte kann ich anderen gegenüber selbst bestätigen. Ich habe einen Freigelassenen, der nicht ohne wissenschaftliche Bildung ist. Mit diesem schlief sein jüngerer Bruder in demselben Bett. Dieser glaubte zu sehen, dass sich jemand auf sein Bett setzte, eine Schere an seinen Kopf hielt und ihm sogar die Haare vom Scheitel wegschnitt. Als es Tag wurde, war er wirklich am Scheitel geschoren, und man fand die herumliegenden Haare. (13) Ein kurzer Zeitraum war vergangen, da bestätigte wieder ein ähnlicher Vorfall den früheren. Ein Sklave schlief gemeinsam mit mehreren im Pagenzimmer. Da kamen durch das Fenster – so erzählte er – zwei Gestalten in weißen Gewändern, schoren ihn im Bett und entfernten sich auf dem Wege, auf dem sie gekommen waren. Auch ihn fand man, als es Tag wurde, geschoren und seine Haare verstreut umherliegend. (14) Es folgte nichts Bemerkenswertes, außer vielleicht, dass ich nicht angeklagt wurde, was gewiss der Fall gewesen wäre, wenn Domitian, unter dessen Herrschaft dieses geschah, länger gelebt hätte. Denn man fand in seinem Schrank eine von Carus gegen mich eingereichte Anklageschrift.[33] Weil Angeklagte gewöhnlich ihr Haar wachsen lassen,[34] darf man daraus schließen, dass das abgeschnittene Haar meiner Leute ein Zeichen dafür gewesen ist, dass die mir drohende Gefahr vorüber sei.

(15) Daher bitte ich Dich, Dein ganzes Wissen aufzubieten. Die Sache verdient es, lange und gründlich überdacht zu werden; und auch ich bin es doch wohl wert, dass Du mir etwas von Deinen Erkenntnissen mitteilst. (16) Magst Du auch nach Deiner Gewohnheit für und wider die Sache argumentieren, tue es aber für *eine* Ansicht gründlicher, damit Du mich nicht in Zweifel und Ungewissheit lässt; denn ich habe Dich ja deshalb um Rat gefragt, um meine Zweifel loszuwerden. Lebe wohl!

IX

C. Plinius Urso suo s.

(1) Olim non librum in manus, non stilum sumpsi; olim nescio, quid sit otium, quid quies, quid denique illud iners quidem, iucundum tamen nihil agere, nihil esse: adeo multa me negotia amicorum nec secedere nec studere patiuntur. (2) nulla enim studia tanti sunt, ut amicitiae officium deseratur, quod religiosissime custodiendum studia ipsa praecipiunt. vale.

X

C. Plinius Fabato Prosocero suo s.

(1) Quo magis cupis ex nobis pronepotes videre, hoc tristior audies neptem tuam abortum fecisse, dum se praegnantem esse puellariter nescit ac per hoc quaedam custodienda praegnantibus omittit, facit omittenda. quem errorem magnis documentis expiavit in summum periculum adducta. (2) igitur, ut necesse est graviter accipias senectutem tuam quasi paratis posteris destitutam, sic debes agere dis gratias, quod ita tibi in praesentia pronepotes negaverunt, ut servarent neptem, illos reddituri, quorum

Achtes Buch

9

C. Plinius grüßt seinen Ursus

(1) Schon lange habe ich kein Buch, keinen Griffel in die Hand genommen; schon lange weiß ich nicht mehr, was Muße, was Ruhe, was endlich dieser zwar träge, aber doch angenehme Zustand, nichts zu tun und nichts zu sein, ist; so viele Aufgaben für meine Freunde lassen es weder zu, mich in die Einsamkeit zurückzuziehen, noch mich wissenschaftlich zu beschäftigen. (2) Keine geistige Beschäftigung ist nämlich so wichtig, dass man die Pflichten der Freundschaft dafür vernachlässigen darf, deren gewissenhafte Beachtung uns gerade die Studien lehren.[35] Lebe wohl!

10

C. Plinius grüßt seinen Schwiegergroßvater Fabatus

(1) Je größer Dein Wunsch ist, von uns Urenkel zu bekommen, mit desto größerer Betrübnis wirst Du hören, dass Deine Enkelin eine Fehlgeburt gehabt hat; denn in ihrer jugendlichen Unkenntnis wusste sie nicht, dass sie schwanger war, und unterließ deswegen manches, was Schwangere beachten müssen, und manches tat sie, was sie hätte unterlassen sollen. Dieses Versehen hat sie durch bittere Erfahrungen gesühnt und ist dabei in höchste Gefahr geraten. (2) Wie Du es nun als sehr bedauerlich empfinden musst, in Deinem Alter auf den schon fast sicheren Nachwuchs zu verzichten, so musst Du den Göttern danken, dass sie Dir zwar für den Augenblick Urenkel versagt, Dir aber Deine Enkelin am Leben erhalten haben, um Dir jene Urenkel später zu geben. Darauf lässt uns gerade der –

nobis spem certiorem haec ipsa quamquam parum prospere explorata fecunditas facit.

(3) Isdem nunc ego te quibus ipsum me hortor, moneo, confirmo. neque enim ardentius tu pronepotes, quam ego liberos cupio, quibus videor a meo tuoque latere pronum ad honores iter et audita latius nomina et non subitas imagines relicturus. nascantur modo et hunc nostrum dolorem gaudio mutent! vale.

XVI

C. Plinius Paterno suo s.

(1) Confecerunt me infirmitates meorum, mortes etiam, et quidem iuvenum. solacia duo nequaquam paria tanto dolori, solacia tamen: unum facilitas manumittendi (videor enim non omnino immaturos perdidisse, quos iam liberos perdidi), alterum, quod permitto servis quoque quasi testamenta facere eaque ut legitima custodio. (2) mandant rogantque, quod visum; pareo ut iussus. dividunt, donant, relinquunt, dumtaxat intra domum; nam servis res publica quaedam et quasi civitas domus est. (3) sed, quamquam his solaciis acquiescam, debilitor et frangor eadem illa humanitate, quae me, ut hoc ipsum permitterem, induxit.

Non ideo tamen velim durior fieri. nec ignoro alios eius modi casus nihil amplius vocare quam damnum eoque sibi

wenn auch nicht glücklich verlaufene – Beweis ihrer Fruchtbarkeit sicher hoffen.

(3) Mit denselben Worten, die ich mir selbst gesagt habe, mahne, ermutige und beruhige ich Dich jetzt. Denn ich wünsche mir genauso sehnsüchtig Kinder wie Du Dir Urenkel, denen ich, wie ich glaube, von meiner und Deiner Seite einen leichten Weg zu Ehrenstellen, einen weit und breit bekannten Namen und unvergängliche Ahnenbilder hinterlassen werde. Mögen sie nur erst geboren werden und diesen unseren Schmerz in Freude verwandeln. Lebe wohl!

16

C. Plinius grüßt seinen Paternus

(1) Tief getroffen haben mich Krankheiten meiner Leute, auch Todesfälle, und zwar von noch ganz jungen Menschen. Zwei Tröstungen habe ich, keinesfalls einem solchen Schmerz angemessen, aber immerhin Tröstungen. Erstens die leichte Möglichkeit der Freilassung[36] – denn ich meine, diejenigen nicht ganz und gar zu früh verloren zu haben, die ich schon als Freie verloren habe; zweitens, weil ich auch meinen Sklaven erlaube, eine Art Testament zu machen, und es wie ein rechtskräftiges beachte. (2) Sie erlassen Verfügungen und bitten um das, was ihnen gut scheint. Ich befolge es wie einen Auftrag. Sie verteilen, schenken und hinterlassen, freilich nur im Bereich des Hauses; denn für Sklaven ist das Haus gleichsam der Staat und ihre Gemeinde. (3) Zwar finde ich bei diesen Tröstungen Ruhe, aber dennoch bin ich entmutigt und erschüttert, gerade aufgrund dieser Menschenfreundlichkeit, die mich veranlasst hat, eben dieses zu erlauben.

Und doch möchte ich darum nicht hartherziger werden. Ich weiß genau, dass andere Menschen derartige Unglücksfälle lediglich als materiellen Verlust bezeichnen und

magnos homines et sapientes videri. qui an magni sapientesque sint, nescio, homines non sunt. (4) hominis est enim adfici dolore, sentire, resistere tamen et solacia admittere, non solaciis non egere.

(5) Verum de his plura fortasse, quam debui, sed pauciora, quam volui. est enim quaedam etiam dolendi voluptas, praesertim si in amici sinu defleas, apud quem lacrimis tuis vel laus sit parata vel venia. vale.

XXIV

C. Plinius Maximo suo s.

(1) Amor in te meus cogit, non ut praecipiam (neque enim praeceptore eges), admoneam tamen, ut, quae scis, teneas et observes [aut nescire melius].

(2) Cogita te missum in provinciam Achaiam, illam veram et meram Graeciam, in qua primum humanitas, litterae, etiam fruges inventae esse creduntur; missum ad ordinandum statum liberarum civitatum, id est ad homines maxime homines, ad liberos maxime liberos, qui ius a natura datum virtute, meritis, amicitia, foedere denique et religione tenuerunt! (3) reverere conditores deos et nomina deorum, reverere gloriam veterem et hanc ipsam senectutem, quae in homine venerabilis, in urbibus sacra! sit apud te honor antiquitati, sit ingentibus factis, sit fabulis quoque!

sich daher für große und weise Menschen halten. Vielleicht sind sie groß und weise, Menschen sind sie jedenfalls nicht. (4) Denn es gehört zum Menschen, Schmerz zu empfinden, Gefühle zu haben, dennoch sich zu fassen, Trost anzunehmen, nicht aber, keiner Tröstungen zu bedürfen.[37]

(5) Aber vielleicht habe ich hierüber mehr gesagt, als ich sollte, doch weniger, als ich wollte. Es gibt nämlich sozusagen auch eine Lust am Schmerz, zumal, wenn man sich an der Brust eines Freundes ausweinen kann, bei dem Du für Deine Tränen Lob oder Nachsicht finden kannst. Lebe wohl!

24

C. Plinius grüßt seinen Maximus

(1) Meine Zuneigung zu Dir veranlasst mich, nicht etwa Dich zu belehren – Du brauchst nämlich keinen Lehrer –, aber Dich doch zu ermahnen, das, was Du schon weißt, im Gedächtnis zu behalten und zu beachten [andernfalls wäre es besser, es nicht zu wissen].[38]

(2) Denke daran, dass Du in die Provinz Achaia geschickt bist, in jenes wahre und echte Griechenland[39], in dem, wie man glaubt, zuerst Bildung, Wissenschaft und selbst der Ackerbau erfunden worden sind;[40] dass Du geschickt worden bist, um die Verfassung freier Städte zu ordnen,[41] das heißt zu Menschen, die in erster Linie Menschen,[42] zu Freien, die in erster Linie frei sind, die das von der Natur gegebene Recht durch Tüchtigkeit, Verdienste, Freundschaft und schließlich durch gewissenhafte Einhaltung der Verträge bewahrt haben. (3) Empfinde Ehrfurcht vor den göttlichen Städtegründern und den Namen der Götter, empfinde Ehrfurcht vor dem alten Ruhm und vor dem Alter selbst, das bei Menschen verehrungswürdig, bei Städten heilig ist! Ehre die Vergangenheit, ehre die gewaltigen Taten, ehre auch ihre Mythen!

Nihil ex cuiusquam dignitate, nihil ex libertate, nihil etiam ex iactatione decerpseris! (4) habe ante oculos hanc esse terram, quae nobis miserit iura, quae leges non victis, sed petentibus dederit, Athenas esse, quas adeas, Lacedaemonem esse, quam regas; quibus reliquam umbram et residuum libertatis nomen eripere durum, ferum, barbarum est. (5) vides a medicis, quamquam in adversa valetudine nihil servi ac liberi differant, mollius tamen liberos clementiusque tractari. recordare, quid quaeque civitas fuerit, non ut despicias, quod esse desierit; absit superbia, asperitas! (6) nec timueris contemptum! an contemnitur, qui imperium, qui fasces habet, nisi humilis et sordidus, et qui se primus ipse contemnit? male vim suam potestas aliorum contumeliis experitur, male terrore veneratio adquiritur, longeque valentior amor ad obtinendum, quod velis, quam timor. nam timor abit, si recedas; manet amor, ac sicut ille in odium, hic in reverentiam vertitur.

(7) Te vero etiam atque etiam (repetam enim) meminisse oportet officii tui titulum ac tibi ipsum interpretari, quale quantumque sit ordinare statum liberarum civitatum. nam quid ordinatione civilius, quid libertate pretiosius? (8) porro quam turpe, si ordinatio eversione, libertas servitute mutetur!

Accedit, quod tibi certamen est tecum: onerat te quaesturae tuae fama, quam ex Bithynia optimam revexisti, one-

Nimm keinem etwas von seiner Würde, keinem von seiner Freiheit, keinem auch etwas von seiner Eitelkeit! (4) Halte Dir vor Augen, dass dieses das Land ist, das uns das Recht[43] geschickt hat, das uns Gesetze gegeben hat, nicht nach einer Niederlage, sondern auf unsere Bitten hin, dass es Athen ist, das Du betrittst, dass es Sparta ist, das Du verwaltest; ihnen den letzten Schein und Namen der Freiheit, der allein noch übriggeblieben ist, zu rauben, wäre hart, unmenschlich und barbarisch. (5) Zwar unterscheiden Ärzte bei einer Krankheit nicht zwischen Sklaven und Freien, aber Du siehst, dass dennoch die Freien sanfter und rücksichtsvoller behandelt werden. Erinnere Dich, was eine jede Stadt einmal gewesen ist, nicht um sie zu verachten, weil sie aufgehört hat, es zu sein; fern seien von Dir Hochmut und Strenge! (6) Du brauchst nicht zu befürchten, dass man Dir deswegen die Achtung versagt. Oder wird der verachtet, der die Befehlsgewalt, der die Amtsgewalt[44] innehat, wenn er nicht eine gemeine und niederträchtige Gesinnung besitzt und sich selbst zuerst verachtet? Schlimm ist es, wenn die Amtsgewalt ihre Macht an der Erniedrigung anderer versucht; schlimm ist es, wenn man sich Achtung durch Schrecken erwirbt. Weit stärker als die Furcht ist die Liebe, um das zu erreichen, was man will. Denn die Furcht schwindet, wenn man weggeht, die Liebe aber bleibt; und wie jene sich in Hass verwandelt, so die Liebe in Verehrung.

(7) Du musst immer wieder – ich will es nämlich wiederholen – an die Bestimmung Deines Amtes denken und Dir selbst klarmachen, was es und wie viel es bedeutet, die Verfassung freier Städte zu ordnen. Denn was liegt mehr im Interesse des Bürgers als die Ordnung, was ist kostbarer als die Freiheit? (8) Wie schändlich ist es ferner, wenn Ordnung mit Unordnung, Freiheit mit Knechtschaft vertauscht werden!

Hinzu kommt noch, dass Du mit Dir selbst einen Wettkampf auszutragen hast; auf Dir lastet der vorzügliche Ruf

rat testimonium principis, onerat tribunatus, praetura atque haec ipsa legatio quasi praemium data. (9) quo magis nitendum est, ne in longinqua provincia quam suburbana, ne inter servientes quam liberos, ne sorte quam iudicio missus, ne rudis et incognitus quam exploratus probatusque humanior, melior, peritior fuisse videaris; cum sit alioqui, ut saepe audisti, saepe legisti, multo deformius amittere quam non adsequi laudem.

(10) Haec velim credas, quod initio dixi, scripsisse me admonentem, non praecipientem; quamquam praecipientem quoque. quippe non vereor, in amore ne modum excesserim. neque enim periculum est, ne sit nimium, quod esse maximum debet. vale.

Deiner Quästur,[45] den Du aus Bithynien mitgebracht hast, auf Dir lastet das Zeugnis des Kaisers, auf Dir lasten Dein Tribunat, Deine Prätur und gerade dieses Amt als Statthalter, das Dir gleichsam als Belohnung übertragen wurde. (9) Umso mehr musst Du Dich anstrengen, damit es nicht den Anschein hat, Du hättest in einer weit entfernten Provinz mehr Menschlichkeit, Güte und Erfahrung gezeigt als in einer nahe bei Rom gelegenen, unter Unfreien mehr als unter Freien, mehr, als Du durch das Los erwählt wurdest, als jetzt durch das Urteil des Kaisers, mehr als Anfänger und Unbekannter denn als erfahrener und erprobter Mann. Es ist nämlich überhaupt, wie Du oft gehört, oft gelesen hast, viel schimpflicher, den Ruhm wieder zu verlieren, als ihn gar nicht zu gewinnen.

(10) Ich möchte, dass Du mir glaubst, was ich Dir anfangs gesagt habe, dass ich Dir dies nur geschrieben habe, um Dich zu ermahnen, nicht zu belehren; freilich auch, um Dich zu belehren. Denn ich fürchte nicht, in meiner Zuneigung das richtige Maß zu überschreiten. Und es besteht ja auch keine Gefahr, dass etwas allzu groß ist, was möglichst groß sein muss. Lebe wohl!

Liber nonus

VI

C. Plinius Calvisio suo s.

(1) Omne hoc tempus inter pugillares ac libellos iucundissima quiete transmisi. 'quemadmodum', inquis, 'in urbe potuisti?'

Circenses erant, quo genere spectaculi ne levissime quidem teneor. nihil novum, nihil varium, nihil, quod non semel spectasse sufficiat. (2) quo magis miror tot milia virorum tam pueriliter identidem cupere currentes equos, insistentes curribus homines videre. si tamen aut velocitate equorum aut hominum arte traherentur, esset ratio non nulla: nunc favent panno, pannum amant, et, si in ipso cursu medioque certamine hic color illuc, ille huc transferatur, studium favorque transibit et repente agitatores illos, equos illos, quos procul noscitant, quorum clamitant nomina, relinquent. (3) tanta gratia, tanta auctoritas in una vilissima tunica, mitto apud vulgus, quod vilius tunica, sed apud quosdam graves homines; quos ego cum recordor in re inani, frigida, adsidua tam insatiabiliter desidere, capio aliquam voluptatem, quod hac voluptate non capior.

(4) Ac per hos dies libentissime otium meum in litteris colloco, quos alii otiosissimis occupationibus perdunt. vale.

Neuntes Buch

6

C. Plinius grüßt seinen Calvisius

(1) Diese ganze Zeit habe ich bei Schreibtafeln und Büchern in äußerst angenehmer Muße verbracht. »Wie hast Du das in der Stadt gekonnt?« fragst Du.

Es waren Zirkusspiele, und diese Art Schauspiel fesselt mich nicht im geringsten. Es gibt nichts Neues, keine Abwechslung, nichts, was *einmal* gesehen zu haben nicht ausreichte.[46] (2) Umso mehr wundere ich mich, dass so viele tausend Männer so kindisch immer wieder rennende Pferde und auf Wagen stehende Menschen sehen möchten. Wenn sie sich für die Schnelligkeit der Pferde oder die Geschicklichkeit der Wagenlenker begeistern würden, dann läge noch ein Sinn darin. Jetzt aber spenden sie nur einem Stück Tuch[47] Beifall, sie lieben ein Stück Tuch; und wenn während des Laufes und mitten im Wettkampf diese Farbe dorthin, jene hierhin wechseln würde, so werden ihr Interesse und ihr lauter Beifall ebenfalls wechseln, und sie werden plötzlich jene Wagenlenker, jene Pferde, die sie schon von weitem erkennen, deren Namen sie laut rufen, im Stich lassen. (3) So viel Gunst, so viel Ansehen besitzt die billigste Tunika, ich will nicht sagen bei der Masse, die noch weniger wert ist als eine Tunika, sondern bei manchen ernsthaften Menschen. Wenn ich überlege, dass sie bei einer so unnützen, geistlosen und eintönigen Sache so unersättlich dasitzen, dann empfinde ich einiges Vergnügen, dass mir dieses kein Vergnügen bereitet.

(4) Und so widme ich in diesen Tagen, die andere Menschen mit den allermüßigsten Beschäftigungen verschwenden, meine Muße am liebsten den Wissenschaften. Lebe wohl!

VII

C. Plinius Romano suo s.

(1) Aedificare te scribis. bene est: inveni patrocinium; aedifico enim iam ratione, quia tecum. nam hoc quoque non dissimile, quod ad mare tu, ego ad Larium lacum. (2) huius in litore plures villae meae, sed duae maxime ut delectant, ita exercent. (3) altera imposita saxis more Baiano lacum prospicit, altera aeque more Baiano lacum tangit. itaque illam tragoediam, hanc appellare comoediam soleo; illam, quod quasi cothurnis, hanc, quod quasi socculis sustinetur. sua utrique amoenitas, et utraque possidenti ipsa diversitate iucundior. (4) haec lacu propius, illa latius utitur; haec unum sinum molli curvamine amplectitur, illa editissimo dorso duos dirimit; illic recta gestatio longo limite super litus extenditur, hic spatiosissimo xysto leviter inflectitur; illa fluctus non sentit, haec frangit; ex illa possis despicere piscantes, ex hac ipse piscari hamumque de cubiculo ac paene etiam de lectulo ut e naucula iacere.

Hae mihi causae utrique, quae desunt, adstruendi ob ea, quae supersunt. (5) sed quid ego rationem tibi? apud quem pro ratione erit idem facere. vale.

7

C. Plinius grüßt seinen Romanus

(1) Du schreibst, dass Du baust. Wie gut! So habe ich einen Verteidiger[48] gefunden; denn nun baue ich mit gutem Grund, weil ich mit Dir baue. Denn auch darin besteht eine Ähnlichkeit zwischen uns, dass Du am Meer, ich am Lariner See baue. (2) An seinem Ufer besitze ich mehrere Landhäuser, aber zwei machen mir besondere Freude, wie auch besondere Mühe. (3) Das eine ist wie in Baiae auf Felsen errichtet und bietet Aussicht auf den See, das andere reicht bis an den See, gleichfalls wie in Baiae. Deshalb pflege ich jenes meine »Tragödie«[49] und dieses meine »Komödie« zu nennen, weil jenes wie auf Kothurnen, dieses wie auf Sandalen steht. Jedes hat seine besondere Schönheit, und jedes ist für seinen Besitzer gerade wegen seiner Verschiedenheit noch reizvoller. (4) Bei diesem blickt man aus größerer Nähe auf den See, bei jenem aus weiterer Entfernung; dieses umschließt eine einzige Bucht in sanfter Krümmung, jenes trennt durch einen hohen Bergrücken zwei Buchten; dort erstreckt sich schnurgerade ein langer Spazierweg am Ufer entlang, hier führt er in sanfter Biegung um eine sehr ausgedehnte Terrasse herum; jenes Landhaus spürt die Wellen nicht, an diesem brechen sie sich. Von jenem aus kann man auf die Fischer hinunterblicken, von diesem aus selbst fischen und die Angel aus dem Schlafzimmer, ja fast sogar aus dem Bett, wie aus einem Boot, auswerfen.

Dieses sind meine Gründe, an beiden Landhäusern das, was noch fehlt, anzubauen, besonders wegen der Vorzüge, die sie in reichem Maße besitzen. (5) Aber weshalb soll ich mich vor Dir rechtfertigen, vor Dir, dem es als Rechtfertigung dienen wird, dasselbe zu tun. Lebe wohl!

XII

C. Plinius Iuniori suo s.

(1) Castigabat quidam filium suum, quod paulo sumptuosius equos et canes emeret. huic ego iuvene digresso: 'heus tu, numquamne fecisti, quod a patre corripi posset? fecisti dico? non interdum facis, quod filius tuus, si repente pater ille, tu filius, pari gravitate reprehendat? non omnes homines aliquo errore ducuntur? non hic in illo sibi, in hoc alius indulget?'

(2) Haec tibi admonitus immodicae severitatis exemplo pro amore mutuo scripsi, ne quando tu quoque filium tuum acerbius duriusque tractares. cogita et illum puerum esse et te fuisse atque ita hoc, quod es pater, utere, ut memineris et hominem esse te et hominis patrem! vale.

XXIII

C. Plinius Maximo suo s.

(1) Frequenter agenti mihi evenit, ut centumviri, cum diu se intra iudicum auctoritatem gravitatemque tenuissent, omnes repente quasi victi coactique consurgerent laudarentque; (2) frequenter e senatu famam, qualem maxime optaveram, rettuli: numquam tamen maiorem cepi voluptatem, quam nuper ex sermone Corneli Taciti. narrabat sedisse secum circensibus proximis equitem Romanum.

12

C. Plinius grüßt seinen Iunior

(1) Jemand tadelte seinen Sohn, dass er reichlich verschwenderisch Pferde und Hunde kaufe. Als der junge Mann weggegangen war, sagte ich zu seinem Vater: »Hör mal, hast du niemals etwas getan, was dein Vater hätte kritisieren können? Hast getan, sage ich? Tust du nicht bisweilen etwas, was dein Sohn, wenn er plötzlich der Vater wäre und du der Sohn, mit gleicher Strenge tadeln könnte? Machen nicht alle Menschen einmal irgendeinen Fehler? Lässt sich nicht der eine in diesem Punkt, der andere in jenem etwas durchgehen?«

(2) Durch dieses Beispiel einer übermäßigen Strenge gewarnt, schreibe ich Dir dies wegen unserer gegenseitigen Zuneigung, damit nicht auch Du einmal mit Deinem Sohn allzu streng und hart umgehst. Bedenke, dass er noch ein Kind ist und Du einmal eines gewesen bist! Gebrauche Deine Stellung als Vater so, dass Du stets daran denkst, ein Mensch und Vater eines Menschen zu sein! Lebe wohl![50]

23

C. Plinius grüßt seinen Maximus

(1) Bei meinem Auftreten vor Gericht kam es häufig vor, dass die Zentumvirn[51], nachdem sie lange ihr richterliches Ansehen und ihre Würde gewahrt hatten, alle plötzlich gleichsam überwältigt und hingerissen sich erhoben und Beifall spendeten. (2) Häufig habe ich aus dem Senat einen solchen Ruhm, wie ich ihn mir sehnlichst gewünscht hatte, heimgebracht. Niemals jedoch habe ich ein größeres Vergnügen empfunden als neulich durch ein Gespräch mit Cornelius Tacitus. Er berichtete, bei den letzten Zirkusspielen habe neben ihm ein römischer Ritter gesessen. Dieser habe ihn nach einer Unterhaltung über verschiedene

hunc post varios eruditosque sermones requisisse: 'Italicus es an provincialis?' se respondisse: 'nosti me, et quidem ex studiis.' ad hoc illum: 'Tacitus es an Plinius?' (3) exprimere non possum, quam sit iucundum mihi, quod nomina nostra quasi litterarum propria, non hominum, litteris redduntur, quod uterque nostrum his etiam ex studiis notus, quibus aliter ignotus est.

(4) Accidit aliud ante pauculos dies simile. recumbebat mecum vir egregius, Fadius Rufinus, super eum municeps ipsius, qui illo die primum venerat in urbem; cui Rufinus demonstrans me: 'vides hunc?' multa deinde de studiis nostris, et ille 'Plinius est' inquit.

(5) Verum fatebor, capio magnum laboris mei fructum. an, si Demosthenes iure laetatus est, quod illum anus Attica ita noscitavit: οὗτός ἐστι Δημοσθένης, ego celebritate nominis mei gaudere non debeo? ego vero et gaudeo et gaudere me dico. neque enim vereor, ne iactantior videar, cum de me aliorum iudicium, non meum profero, praesertim apud te, qui nec ullius invides laudibus et faves nostris. vale.

XXIV

C. Plinius Sabiniano suo s.

(1) Bene fecisti, quod libertum aliquando tibi carum reducentibus epistulis meis in domum, in animum recepisti.

wissenschaftliche Themen gefragt: »Bist du aus Italien oder aus einer Provinz?« Hierauf habe er geantwortet: »Du kennst mich, und zwar aus meinen literarischen Werken.« Darauf habe jener geantwortet: »Bist du Tacitus oder Plinius?« (3) Ich kann Dir nicht beschreiben, wie angenehm es für mich ist, dass unsere Namen, gleichsam der Literatur zugehörig, nicht den Menschen, sondern der Literatur zugerechnet werden: Jeder von uns beiden ist durch seine literarischen Werke auch denjenigen bekannt, denen er persönlich unbekannt ist.

(4) Etwas Ähnliches passierte mir vor wenigen Tagen. Bei mir saß ein ganz ausgezeichneter Mann am Tisch, Fadius Rufinus; neben ihm ein Landsmann von ihm, der an diesem Tag zum ersten Mal nach Rom gekommen war. Ihn fragte Rufinus, indem er auf mich zeigte: »Siehst du den da?« Darauf erzählte er vieles von meinen Schriften, und jener sagte: »Es ist Plinius.«

(5) Ich will ehrlich zugeben, ich ernte reiche Früchte meiner Mühen. Wenn Demosthenes sich mit Recht darüber freute, dass eine alte Frau aus Athen ihn mit den Worten wiedererkannte: »Das ist Demosthenes«, wie sollte ich mich da nicht über den Bekanntheitsgrad meines Namens freuen? Ich freue mich also und sage auch, dass ich mich freue. Denn ich fürchte nicht, als Prahler zu erscheinen, wenn ich das Urteil anderer Menschen über mich, nicht mein eigenes erwähne, besonders vor Dir, der Du niemanden um seinen Ruhm beneidest und den meinen sogar noch förderst! Lebe wohl!

24

C. Plinius grüßt seinen Sabinianus

(1) Du hast gut daran getan, Deinen Freigelassenen, der Dir einst so teuer war, durch meinen vermittelnden Brief[52] wieder in Dein Haus und in Dein Herz aufzunehmen. Das

iuvabit hoc te: me certe iuvat, primum, quod te tam tractabilem video, ut in ira regi possis, deinde quod tantum mihi tribuis, ut vel auctoritati meae pareas vel precibus indulgeas.

Igitur et laudo et gratias ago; simul in posterum moneo, ut te erroribus tuorum, etsi non fuerit, qui deprecetur, placabilem praestes. vale.

XXXIII

C. Plinius Caninio suo s.

(1) Incidi in materiam veram, sed simillimam fictae dignamque isto laetissimo, altissimo planeque poetico ingenio; incidi autem, dum super cenam varia miracula hinc inde referuntur. magna auctori fides. tametsi quid poetae cum fide? is tamen auctor, cui bene vel historiam scripturus credidisses.

(2) Est in Africa Hipponensis colonia mari proxima. adiacet navigabile stagnum: ex hoc in modum fluminis aestuarium emergit, quod vice alterna, prout aestus aut repressit aut impulit, nunc infertur mari, nunc redditur stagno. (3) omnis hic aetas piscandi, navigandi atque etiam natandi studio tenetur, maxime pueri, quos otium lususque sollicitat. his gloria et virtus altissime provehi: victor ille, qui longissime ut litus ita simul natantes reliquit. (4) hoc

wird Dir Freude machen; mir jedenfalls macht es Freude: erstens weil ich Dich so umgänglich sehe, dass man Dich auch im Zorn lenken kann, und zweitens weil Du so viel auf mich hältst, dass Du meinem Einfluss folgst oder meinen Bitten nachgibst.

Deshalb lobe ich Dich und danke Dir; zugleich mahne ich Dich für die Zukunft, Dich gegenüber den Verfehlungen Deiner Leute nachsichtig zu zeigen, auch wenn kein Fürsprecher da ist. Lebe wohl!

33

C. Plinius grüßt seinen Caninius

(1) Zufällig bin ich auf eine wahre Begebenheit gestoßen, die aber eher einer erfundenen gleicht und Deines überaus glücklichen, erhabenen und ausgesprochen dichterischen Talents würdig ist. Ich bin aber darauf gestoßen, als während einer Mahlzeit verschiedene Wundergeschichten aus aller Welt berichtet wurden. Der Erzähler ist höchst glaubwürdig; doch was fragt ein Dichter nach Glaubwürdigkeit? Dennoch ist der Erzähler ein Mann, der Dein volles Vertrauen hätte, selbst wenn Du ein Geschichtswerk schreiben würdest.[53]

(2) In Afrika gibt es eine Kolonie Hippo, unmittelbar am Meer gelegen. Nahe dabei liegt eine schiffbare Lagune. Aus ihr führt nach Art eines Flusses ein Kanal zum Meer, der abwechselnd, je nachdem die Flut zurück- oder vorwärtsdrängt, sich bald ins Meer ergießt, bald wieder in die Lagune zurückläuft. (3) Menschen jedes Alters halten sich hier aus Begeisterung fürs Fischen, Segeln und auch fürs Schwimmen auf, besonders die Jungen, die Muße und Spiel dahin locken. Für sie bedeutet es eine rühmliche Heldentat, möglichst weit hinauszuschwimmen. Sieger ist, wer das Ufer und seine Mitschwimmer am weitesten hinter sich lässt. (4) Bei diesem Wettkampf wagte sich ein Junge, muti-

certamine puer quidam audentior ceteris in ulteriora tendebat. delphinus incurrit et nunc praecedere puerum, nunc sequi, nunc circumire, postremo subire, deponere, iterum subire trepidantemque perferre primum in altum, mox flectit ad litus redditque terrae et aequalibus.

(5) Serpit per coloniam fama: concurrere omnes, ipsum puerum tamquam miraculum adspicere, interrogare, audire, narrare. postero die obsident litus, prospectant mare et si quid est mari simile. natant pueri, inter hos ille, sed cautius. delphinus rursus ad tempus, rursus ad puerum. fugit ille cum ceteris. delphinus, quasi invitet, revocet, exsilit, mergitur variosque orbes implicat expeditque.

(6) Hoc altero die, hoc tertio, hoc pluribus, donec homines innutritos mari subiret timendi pudor. accedunt et adludunt et appellant, tangunt etiam pertrectantque praebentem. crescit audacia experimento. maxime puer, qui primus expertus est, adnatat nanti, insilit tergo, fertur referturque, agnosci se, amari putat, amat ipse; neuter timet, neuter timetur; huius fiducia, mansuetudo illius augetur. (7) nec non alii pueri dextra laevaque simul eunt hortantes monentesque. ibat una (id quoque mirum) delphinus alius, tantum spectator et comes: nihil enim simile aut faciebat aut patiebatur, sed alterum illum ducebat reducebatque, ut

ger als die übrigen, ziemlich weit hinaus. Da begegnete ihm ein Delphin; bald schwamm er vor dem Jungen her, bald folgte er ihm, bald umkreiste er ihn, schließlich nahm er ihn auf seinen Rücken, setzte ihn ab, nahm ihn wieder auf seinen Rücken, trug den Zitternden erst aufs hohe Meer hinaus, kehrte dann zur Küste um und brachte ihn wieder ans Land und zu seinen Kameraden.

(5) Die Nachricht verbreitete sich in der Siedlung; alle strömten zusammen, betrachteten den Jungen wie ein Wunder, befragten ihn, hörten ihm zu und erzählten es weiter. Am folgenden Tag belagern sie das Ufer, schauen hinaus aufs Meer und was wie Meer aussieht. Die Jungen schwimmen, unter ihnen auch der erwähnte Junge, jedoch vorsichtiger. Der Delphin kommt wieder zur gleichen Zeit, schwimmt wieder auf den Jungen zu. Jener flieht mit den übrigen. Der Delphin, als wollte er ihn einladen und zurückrufen, springt empor, taucht unter, zieht verschiedene Kreise um ihn und entfernt sich.

(6) Das geschah am zweiten Tag, das am dritten, das an den folgenden, bis die doch am Meer aufgewachsenen Jungen sich schließlich wegen ihrer Ängstlichkeit schämen. Sie schwimmen an ihn heran, spielen mit ihm, rufen ihn, berühren ihn auch und streicheln ihn; und er lässt es sich gefallen. Mit dem geglückten Versuch wächst ihre Kühnheit. Besonders der Junge, der es als erster versucht hatte, schwimmt heran, springt auf seinen Rücken, wird weg- und wieder zurückgetragen, glaubt, von ihm wiedererkannt und geliebt zu werden, und liebt ihn seinerseits; keiner fürchtet sich, keiner wird gefürchtet. Das Vertrauen des Jungen und die Zutraulichkeit des Delphins werden immer größer. (7) Auch die anderen Jungen schwimmen rechts und links von den beiden und ermuntern sie durch Zurufe. Zusammen mit dem einen – auch das ist ein Wunder – schwamm noch ein anderer Delphin, jedoch nur als Zuschauer und Begleiter; denn er tat oder duldete nichts dergleichen, sondern führte ihn nur hin und zurück, wie

puerum ceteri pueri. (8) incredibile, tam verum tamen quam priora, delphinum gestatorem collusoremque puerorum in terram quoque extrahi solitum harenisque siccatum, ubi incaluisset, in mare revolvi.

(9) Constat Octavium Avitum, legatum proconsulis, in litus educto religione prava superfudisse unguentum, cuius illum novitatem odoremque in altum refugisse nec nisi post multos dies visum languidum et maestum, mox redditis viribus priorem lasciviam et solita ministeria repetisse. (10) confluebant omnes ad spectaculum magistratus, quorum adventu et mora modica res publica novis sumptibus atterebatur. postremo locus ipse quietem suam secretumque perdebat; placuit occulte interfici, ad quod coibatur.

(11) Haec tu qua miseratione, qua copia deflebis, ornabis, attolles! quamquam non est opus adfingas aliquid aut adstruas: sufficit, ne ea, quae sunt vera, minuantur. vale.

XXXVI

C. Plinius Fusco suo s.

(1) Quaeris, quemadmodum in Tuscis diem aestate disponam. evigilo, cum libuit, plerumque circa horam primam, saepe ante, tardius raro. clausae fenestrae manent; (2) mire enim silentio et tenebris ab his, quae avocant, abductus et liber et mihi relictus non oculos animo, sed animum oculis sequor, qui eadem quae mens vident, quotiens non

den Jungen die übrigen Jungen. (8) Es ist unglaublich, doch so wahr wie das vorige, dass der Delphin, Reittier und Spielkamerad der Jungen, sich sogar öfter an Land ziehen und im Sand trocknen ließ und, wenn es ihm zu warm wurde, sich ins Meer zurückwälzen ließ.

(9) Es steht fest, dass Octavius Avitus, der Legat des Statthalters, den an Land gezogenen Delphin aus törichtem Aberglauben mit Salböl übergoss;[54] vor dem ungewohnten Geruch des Salböls floh er ins Meer und erschien erst viele Tage später wieder, aber geschwächt und traurig; nachdem er bald seine Kräfte wiedererlangt hatte, nahm er sein früheres Spiel und seine gewohnten Dienste wieder auf. (10) Zu diesem Schauspiel strömten alle Magistrate zusammen; ihre Ankunft und ihr Aufenthalt zerrüttete die kleine Gemeinde durch die neuen Kosten.[55] Schließlich büßte der Ort selbst seine Ruhe und Abgeschiedenheit ein; man beschloss, den Grund für das Zusammenströmen der Leute heimlich zu beseitigen.

(11) Mit wie viel Mitgefühl, mit welchem Wortreichtum wirst Du diese Begebenheit beklagen, ausschmücken und steigern! Freilich ist es nicht nötig, etwas hinzuzuerfinden oder beizufügen; es genügt, wenn die Wahrheit nicht beeinträchtigt wird. Lebe wohl!

36

C. Plinius grüßt seinen Fuscus

(1) Du fragst mich, wie ich mir auf meinem Landgut in Etrurien[56] im Sommer den Tag einteile. Ich wache auf, wenn es mir passt, meist um die erste Stunde [6 Uhr], oft vorher, selten später. Die Fenster bleiben geschlossen. (2) Erstaunlich gut bewahren mich nämlich Stille und Dunkelheit vor allen Ablenkungen. Frei und mir selbst überlassen folge ich nicht den Augen mit meinen Gedanken, sondern den Gedanken mit meinen Augen, die sehen, was der Geist

vident alia. cogito, si quid in manibus, cogito ad verbum scribenti emendantique similis nunc pauciora, nunc plura, ut vel difficile vel facile componi tenerive potuerunt. notarium voco et die admisso, quae formaveram, dicto; abit rursusque revocatur rursusque dimittitur.

(3) Ubi hora quarta vel quinta (neque enim certum dimensumque tempus), ut dies suasit, in xystum me vel cryptoporticum confero, reliqua meditor et dicto. vehiculum ascendo. ibi quoque idem quod ambulans aut iacens; durat intentio mutatione ipsa refecta. paulum redormio, deinde ambulo, mox orationem Graecam Latinamve clare et intente non tam vocis causa quam stomachi lego; pariter tamen et illa firmatur. iterum ambulo, ungor, exerceor, lavor. (4) cenanti mihi, si cum uxore vel paucis, liber legitur; post cenam comoedia aut lyristes. mox cum meis ambulo, quorum in numero sunt eruditi. ita variis sermonibus vespera extenditur et quamquam longissimus dies cito conditur.

(5) Non numquam ex hoc ordine aliqua mutantur. nam, si diu iacui vel ambulavi, post somnum demum lectionemque non vehiculo, sed, quod brevius, quia velocius, equo gestor. interveniunt amici ex proximis oppidis partemque diei ad se trahunt interdumque lasso mihi opportuna interpellatione subveniunt. (6) venor aliquando, sed non sine

sieht, wenn sie nichts anderes sehen. Ich denke nach, wenn ich gerade etwas bearbeite, ich denke nach, als ob ich Wort für Wort aufschreibe und dann verbessere, bald weniger, bald mehr, je nachdem, ob es schwer oder leicht zu verfassen oder im Gedächtnis zu behalten war. Dann rufe ich meinen Stenographen[57], lasse das Tageslicht herein und diktiere, was ich entworfen habe. Er geht weg, wird wieder gerufen und wieder weggeschickt.

(3) Sobald die vierte oder fünfte Stunde gekommen ist – ich habe nämlich keine bestimmte, festgesetzte Zeit –, begebe ich mich, je nach Witterung, auf die Terrasse oder in die Wandelhalle, denke über den Rest nach und diktiere ihn. Dann besteige ich meinen Wagen. Auch dort tue ich das gleiche wie beim Spazierengehen oder im Liegen. Die geistige Anspannung dauert an, gerade durch den Aufenthaltswechsel belebt. Dann schlafe ich wieder ein wenig, darauf gehe ich spazieren, dann lese ich laut und mit aller Kraft eine griechische oder lateinische Rede, nicht so sehr der Stimme als der Verdauung wegen;[58] doch wird zugleich auch diese gekräftigt. Dann gehe ich wieder spazieren, lasse mich massieren, treibe Gymnastik und bade. (4) Während des Essens wird mir, wenn ich mit meiner Frau oder wenigen Gästen zusammen bin, aus einem Buch vorgelesen. Nach dem Essen unterhält uns ein Schauspieler oder Lyraspieler. Dann gehe ich mit meinen Leuten[59], unter denen sich gebildete befinden, spazieren. So verbringt man den Abend mit abwechslungsreichen Gesprächen, und selbst der längste Tag geht schnell zu Ende.

(5) Manchmal ändert sich an dieser Tageseinteilung etwas; denn wenn ich lange liegengeblieben oder spazieren gegangen bin, besteige ich nach dem Schlaf und der Lesung nicht erst den Wagen, sondern bewege mich kürzer, weil schneller, zu Pferd. Es kommen Freunde aus den Nachbarstädten und beanspruchen einen Teil des Tages für sich; manchmal kommen sie mir, wenn ich ermüdet bin, als eine willkommene Unterbrechung zu Hilfe. (6) Bisweilen gehe

pugillaribus, ut, quamvis nihil ceperim, non nihil referam. datur et colonis, ut videtur ipsis, non satis temporis, quorum mihi agrestes querelae litteras nostras et haec urbana opera commendant. vale.

ich auch zur Jagd,[60] aber nicht ohne Schreibtafel, um doch wenigstens etwas mit nach Hause zu bringen, wenn ich auch nichts erbeutet habe. Auch meinen Gutspächtern widme ich Zeit, allerdings nach ihrer Ansicht nicht genug; ihre bäuerlichen Klagen lassen mir meine literarische Arbeit und meine Tätigkeiten in der Stadt in einem günstigen Licht erscheinen. Lebe wohl!

Liber decimus

II

C. Plinius Traiano Imperatori

(1) Exprimere, domine, verbis non possum, quantum mihi gaudium attuleris, quod me dignum putasti iure trium liberorum. Quamvis enim Iuli Serviani, optimi viri tuique amantissimi, precibus indulseris, tamen etiam ex rescripto intellego libentius hoc ei te praestitisse, quia pro me rogabat. (2) Videor ergo summam voti mei consecutus, cum inter initia felicissimi principatus tui probaveris me ad peculiarem indulgentiam tuam pertinere; eoque magis liberos concupisco, quos habere etiam illo tristissimo saeculo volui, sicut potes duobus matrimoniis meis credere. (3) Sed di melius, qui omnia integra bonitati tuae reservarunt; malui hoc potius tempore me patrem fieri, quo futurus essem et securus et felix.

XXXII

Traianus Plinio

(1) Meminerimus idcirco te in istam provinciam missum, quoniam multa in ea emendanda adparuerint. (...)

Zehntes Buch

2
C. Plinius an Kaiser Trajan

(1) Ich kann es nicht in Worte fassen, Herr, welch große Freude Du mir damit gemacht hast, dass Du mich des Dreikinderrechtes würdig fandest.[61] Zwar hast Du Dich den Bitten des Julius Servianus, des trefflichen, Dir so herzlich ergebenen Mannes, gefällig erzeigt, aber ich ersehe aus dem Erlass doch, dass Du ihm seine Bitte umso lieber gewährt hast, weil er für mich bat. (2) So sehe ich mich denn am Ziel meiner Wünsche, da Du mir zu Beginn Deines segensreichen Prinzipats den Beweis gegeben hast, dass ich mich Deiner besonderen Huld erfreuen darf. Umso mehr sehne ich mich nun nach Kindern – ich habe sie mir sogar in jenem überaus traurigen Zeitalter schon gewünscht, was Du mir bei zwei Ehen ja durchaus glauben kannst. (3) Aber die Götter haben es noch besser mit mir gemeint, indem sie alles ausschließlich Deiner Güte vorbehalten wissen wollten. Auch will ich selbst lieber in dieser Zeit Vater werden, da ich mich dabei sicher und glücklich fühlen kann.

32
Trajan an Plinius

(1) Wir wollen doch nicht vergessen, dass Du deshalb in diese Provinz geschickt worden bist, weil es dort offensichtlich viele Missstände zu beseitigen gilt.[62]

XXXVII

C. Plinius Traiano Imperatori

(1) In aquae ductum, domine, Nicomedenses impenderunt HS |XXX| $\overline{\text{CCCXVIII}}$, qui imperfectus adhuc omissus, destructus etiam est; rursus in alium ductum erogata sunt CC. Hoc quoque relicto novo impendio est opus, ut aquam habeant, qui tantam pecuniam male perdiderunt.

(2) Ipse perveni ad fontem purissimum, ex quo videtur aqua debere perduci, sicut initio temptatum erat, arcuato opere, ne tantum ad plana civitatis et humilia perveniat. Manent adhuc paucissimi arcus: possunt et erigi quidam lapide quadrato, qui ex superiore opere detractus est; aliqua pars, ut mihi videtur, testaceo opere agenda erit, id enim et facilius et vilius. (3) Sed in primis necessarium est mitti a te vel aquilegem vel architectum, ne rursus eveniat quod accidit. Ego illud unum adfirmo, et utilitatem operis et pulchritudinem saeculo tuo esse dignissimam.

XXXVIII

Traianus Plinio

Curandum est, ut aqua in Nicomedensem civitatem perducatur. Vere credo te ea, qua debebis, diligentia hoc opus

37

C. Plinius an Kaiser Trajan

(1) Für eine Wasserleitung, o Herr, haben die Einwohner von Nikomedien 3 318 000 Sesterzen aufgewendet, und der Bau ist bis heute nicht fertig geworden, sondern eingestellt, ja sogar abgerissen worden. Für eine andere Leitung wurden abermals 200 000 Sesterzen ausgegeben. Da auch dieser Bau liegengeblieben ist, muss von neuem Geld aufgebracht werden, damit die Leute, die solche Summen unnütz vertan haben, nun endlich Wasser bekommen.

(2) Ich habe selbst die Quelle aufgesucht – sie ist äußerst rein –, von der aus man meiner Meinung nach das Wasser in die Stadt leiten sollte. Aber es müsste auf einem Aquädukt geschehen, so wie man es auch anfänglich versucht hatte, damit das Wasser nicht nur in die ebenen und tiefer gelegenen Stadtteile gelangt. Es stehen noch ein paar Bögen; einige andere könnten aus Quadersteinen errichtet werden, die man von dem früheren Bau nimmt. Einen weiteren Abschnitt wird man, was ich für das beste halte, aus Ziegelsteinen erbauen, das ist nämlich einfacher und billiger. (3) Aber es ist vor allem nötig, dass Du einen Wasserbautechniker oder einen Architekten schickst, damit es nicht wieder so geht wie schon einmal. Das eine kann ich mit Sicherheit sagen: Ein solcher Bau wäre vom Nutzen wie von seiner Schönheit her Deines Zeitalters höchst würdig.

38

Trajan an Plinius

Man muss dafür sorgen, dass die Stadt Nikomedien eine Wasserleitung erhält, und ich glaube ganz sicher, dass Du diese Aufgabe mit der nötigen Umsicht in Angriff nehmen wirst.[63] Aber gerade zu diesem umsichtigen Verhalten Dei-

adgressurum. Sed medius fidius ad eandem diligentiam tuam pertinet inquirere, quorum vitio ad hoc tempus tantam pecuniam Nicomedenses perdiderint, ne, dum inter se gratificantur, et incohaverint aquae ductus et reliquerint. Quid itaque compereris, perfer in notitiam meam.

XCVI

C. Plinius Traiano Imperatori

(1) Sollemne est mihi, domine, omnia de quibus dubito ad te referre. Quis enim potest melius vel cunctationem meam regere vel ignorantiam instruere?

Cognitionibus de Christianis interfui numquam: ideo nescio, quid et quatenus aut puniri soleat aut quaeri. (2) Nec mediocriter haesitavi, sitne aliquod discrimen aetatum, an quamlibet teneri nihil a robustioribus differant; detur paenitentiae venia, an ei, qui omnino Christianus fuit, desisse non prosit; nomen ipsum, si flagitiis careat, an flagitia cohaerentia nomini puniantur. Interim, ⟨in⟩ iis qui ad me tamquam Christiani deferebantur, hunc sum secutus modum. (3) Interrogavi ipsos an essent Christiani. Confitentes iterum ac tertio interrogavi supplicium minatus; perseverantes duci iussi. Neque enim dubitabam, qualecumque esset quod faterentur, pertinaciam certe et inflexibilem obstinationem debere puniri. (4) Fuerunt alii similis amen-

nerseits gehört es weiß Gott auch, dass Du nachforschst, durch wessen Schuld die Leute in Nikomedien bis heute eine solche Menge Geld zum Fenster hinausgeworfen haben. Sonst fangen sie wieder an, Aquädukte zu bauen, und lassen die Arbeit liegen, während einer vom andern das Geld einstreicht. Lass mich daher wissen, was Du in Erfahrung gebracht hast.

96
C. Plinius an Kaiser Trajan

(1) Ich habe es mir zur Regel gemacht, o Herr, Dir alles vorzutragen, worüber ich im Zweifel bin. Wer könnte mir ja in meiner Unschlüssigkeit besser die Richtung weisen oder mich in meiner Unwissenheit belehren?

An Verhandlungen gegen Christen[64] habe ich noch niemals teilgenommen. Daher weiß ich nicht Bescheid über Art und Ausmaß der üblichen Bestrafung wie auch der Untersuchung. (2) Auch bin ich über folgendes ziemlich im Zweifel: Macht das Alter einen Unterschied? Sind ganz junge Leute nicht anders zu behandeln als ältere? Erhält der Reuige Verzeihung, oder nützt es einem, der einmal Christ war, nichts, wenn er abschwört? Wird schon der Name Christ an sich bestraft, auch ohne Verbrechen, oder werden die mit dem Namen verbundenen Verbrechen bestraft? Einstweilen bin ich bei den Leuten, die mir als angebliche Christen angezeigt wurden, folgendermaßen verfahren. (3) Ich habe sie gefragt, ob sie Christen seien. Die Geständigen fragte ich unter Androhung der Todesstrafe ein zweites und ein drittes Mal. Diejenigen, die hartnäckig darauf beharrten, ließ ich zur Hinrichtung abführen. Denn darüber bestand für mich kein Zweifel: Was es auch sein mochte, das sie zu gestehen hatten – ihr Starrsinn und ihre trotzige Verstocktheit verdienten auf jeden Fall Bestrafung.[65] (4) Es gab noch andere von ähnlichem Fanatismus,

tiae, quos, quia cives Romani erant, adnotavi in urbem remittendos.

Mox ipso tractatu ut fieri solet, diffundente se crimine plures species inciderunt. (5) Propositus est libellus sine auctore multorum nomina continens. Qui negabant esse se Christianos aut fuisse, cum praeeunte me deos adpellarent et imagini tuae, quam propter hoc iusseram cum simulacris numinum adferri, ture ac vino supplicarent, praeterea male dicerent Christo, quorum nihil cogi posse dicuntur qui sunt re vera Christiani, dimittendos putavi. (6) Alii ab indice nominati esse se Christianos dixerunt et mox negaverunt; fuisse quidem sed desisse, quidam ante triennium, quidam ante plures annos, non nemo etiam ante viginti. ⟨Hi⟩ quoque omnes et imaginem tuam deorumque simulacra venerati sunt et Christo male dixerunt. (7) Adfirmabant autem hanc fuisse summam vel culpae suae vel erroris, quod essent soliti stato die ante lucem convenire, carmenque Christo quasi deo dicere secum invicem seque sacramento non in scelus aliquod obstringere, sed ne furta ne latrocinia ne adulteria committerent, ne fidem fallerent, ne depositum adpellati abnegarent. Quibus peractis morem sibi discedendi fuisse rursusque coeundi ad capiendum cibum, promiscuum tamen et innoxium; quod ipsum facere desisse post edictum meum, quo secundum mandata tua hetaerias esse vetueram. (8) Quo magis necessarium credidi ex duabus ancillis, quae ministrae dicebantur, quid esset

die ich, da sie römische Bürger waren, zur Überstellung nach Rom vorgemerkt habe.

Als später im Lauf der Untersuchung, wie das allgemein so ist, die Anklage immer weitere Kreise zog, ergaben sich unterschiedliche Fälle. (5) Mir wurde eine anonyme Klageschrift mit zahlreichen Namen zugestellt. Da gab es nun welche, die leugneten, Christen zu sein oder jemals gewesen zu sein. Sie riefen, meinem Beispiel folgend, die Götter an und opferten Deiner Statue, die ich mit den Götterbildern zusammen zu diesem Zweck hatte herbeibringen lassen, Weihrauch und Wein. Außerdem lästerten sie Christus, und zu all dem lassen sich, so heißt es, wahre Christen nicht zwingen. Diese Leute also glaubte ich freilassen zu müssen. (6) Andere in dieser Anzeige Genannte bezeichneten sich zunächst als Christen, dann widerriefen sie aber. Sie seien es zwar gewesen, hätten sich jedoch wieder abgewandt, einige vor drei, andere vor noch mehr Jahren, manch einer sogar vor 20 Jahren. Auch diese bezeugten alle Deiner Statue und den Götterbildern ihre Verehrung und fluchten Christus. (7) Sie versicherten aber, ihre ganze Schuld oder ihr Irrtum habe in folgendem bestanden: Gewöhnlich seien sie an einem bestimmten Tag[66] vor Sonnenaufgang zusammengekommen und hätten Christus als ihrem Gott einen Wechselgesang gesungen. Durch einen feierlichen Eid hätten sie sich nicht etwa zu irgendeinem Verbrechen verpflichtet, sondern dazu, keinen Diebstahl, keinen Raub und keinen Ehebruch zu begehen, kein gegebenes Wort zu brechen, kein zur Verwahrung anvertrautes Gut abzuleugnen. Danach seien sie ihrer Gewohnheit gemäß auseinandergegangen und dann wieder zusammengekommen, um Speise zu sich zu nehmen, jedoch ganz gewöhnliche und harmlose.[67] Dies letztere aber hätten sie nicht mehr getan seit meinem Edikt, in dem ich Deinen Anordnungen zufolge Vereinigungen aller Art verboten hätte. (8) Umso notwendiger erschien es mir, von zwei Mägden, die als Diakoninnen bezeichnet wurden,[68] durch

veri, et per tormenta quaerere. Nihil aliud inveni quam superstitionem pravam et immodicam.

(9) Ideo dilata cognitione ad consulendum te decucurri. Visa est enim mihi res digna consultatione, maxime propter periclitantium numerum. Multi enim omnis aetatis, omnis ordinis, utriusque sexus etiam vocantur in periculum et vocabuntur. Neque civitates tantum, sed vicos etiam atque agros superstitionis istius contagio pervagata est; quae videtur sisti et corrigi posse. (10) Certe satis constat prope iam desolata templa coepisse celebrari, et sacra sollemnia diu intermissa repeti passimque venire ⟨carnem⟩ victimarum, cuius adhuc rarissimus emptor inveniebatur. Ex quo facile est opinari, quae turba hominum emendari possit, si sit paenitentiae locus.

XCVII
Traianus Plinio

(1) Actum quem debuisti, mi Secunde, in excutiendis causis eorum, qui Christiani ad te delati fuerant, secutus es. Neque enim in universum aliquid, quod quasi certam formam habeat, constitui potest. (2) Conquirendi non sunt; si deferantur et arguantur, puniendi sunt, ita tamen ut, qui negaverit se Christianum esse idque re ipsa manifestum fecerit, id est supplicando dis nostris, quamvis suspectus in praeteritum, veniam ex paenitentia impetret. Sine

ein Geständnis auch auf der Folter die Wahrheit zu erfahren. Ich fand aber nichts anderes als einen verworrenen, maßlosen Aberglauben.

(9) Daher habe ich die Verhandlung vertagt und wende mich nun an Dich, um Deinen Rat einzuholen. Die Sache scheint mir nämlich einer Anfrage wert zu sein, vor allem wegen der Zahl der Angeklagten.[69] Viele Menschen jeden Alters und Standes, ja beiderlei Geschlechts, sind angeklagt oder werden es noch. Nicht nur über die Städte, sondern auch über die Dörfer und das flache Land hat sich die Seuche dieses bösen Aberglaubens ausgebreitet. Sie lässt sich aber doch wohl noch eindämmen und beheben. (10) Es steht jedenfalls fest, dass man allmählich wieder die fast schon verödeten Tempel besucht und die lange unterlassenen feierlichen Opfer darbringt. Auch wird wieder Opferfleisch verkauft, für das sich bisher nur äußerst selten ein Käufer fand.[70] Daraus lässt sich leicht ersehen, welch große Zahl von Menschen man auf den rechten Weg bringen kann, wenn man ihrer Reue stattgibt.

97
Trajan an Plinius

(1) Bei Deinem Vorgehen gegen Personen, die Dir als Christen angezeigt worden sind, hast Du, mein lieber Secundus, den richtigen Weg eingeschlagen. Es lässt sich nämlich insgesamt überhaupt nichts festlegen, was gleichsam als Richtschnur dienen könnte. (2) Aufspüren soll man sie nicht. Wenn sie aber vor Gericht gestellt und überführt sind, dann sind sie zu bestrafen. Dabei gilt jedoch folgendes: Wer leugnet, Christ zu sein, und dies durch die Tat beweist, also durch ein Opfer vor unseren Göttern,[71] der soll aufgrund seiner Reue Verzeihung erhalten, mag sein Vorleben auch noch so verdächtig sein. Ano-

auctore vero propositi libelli in nullo crimine locum habere debent. Nam et pessimi exempli nec nostri saeculi est.

nyme Anklageschriften aber dürfen bei keiner Straftat Berücksichtigung finden. Denn das gäbe ein äußerst schlechtes Beispiel und entspräche nicht dem Geist unseres Zeitalters.

Anhang

Anmerkungen

1 Die Wasserbecken in den Gärten hießen Euripus, nach der Meerenge bei der Insel Euböa, die eine wechselnde Strömung besaß; der Name ist also eine Bildungsreminiszenz. Der See ist der Comer See, der zur Bewässerung, zum Fischfang und zu Bootsfahrten genutzt wurde. Der Spazierweg musste weich sein zum Spazieren, aber fest genug für die Sänftenträger.

2 Lateinisches Sprichwort.

3 Vgl. M. v. Albrecht, »Plinius der Jüngere: Jagdglück eines Schriftstellers«, in: M. v. A., *Meister römischer Prosa*, Tübingen/Basel [3]1995, S. 190–196. – Auch Goethe nahm bei der Begleitung seines jagdfreudigen Herzogs sein Schreibgerät mit.

4 Mit 16 Jahren legten die jungen Römer das Erwachsenenkleid, die *toga virilis*, an und wurden in einer offiziellen Zeremonie in die Bürgerliste eingetragen. Dazu waren Verwandte und Freunde eingeladen. Bei einer Verlobungs- oder Hochzeitsfeier nahmen Freunde als Zeugen teil; die Rechtsgültigkeit eines Testaments musste von Zeugen beglaubigt werden.

5 Neben seinen Landgütern am Comer See und in der Toscana (bei den Tuskern, den Etruskern, wie er sagt), liebte Plinius besonders sein Laurentum, das er in *Epist.* 2,17 beschreibt.

6 Das Wort bezeichnet ursprünglich die Gelehrtenakademie in Alexandria, wird dann in der römischen Villenkultur zum Begriff für einen Ort, wo man ungestört seinen geistigen Beschäftigungen nachgehen kann.

7 Es soll nicht heißen: »Kommst du zu meiner Lesung, komm ich zu deiner!«

8 Auf dem Weg nach Ostia, etwa 25 km von Rom entfernt. Die Lokalisierung ist unsicher, es gibt keine archäologischen Spuren.

9 Hauptraum und Empfangszimmer des römischen Hauses, in das man direkt durch die Haustür eintrat.

10 Eine auffällige Neuerung in den Villen des Plinius ist die Verglasung, nicht mit dem bisher üblichen Marienglas, einer dünnen durchsichtigen Gipsschicht, sondern mit Fensterglas. Vgl. H. Mielsch, »Traditionelle und neue Züge in den Villen des Plinius«, in: Castagna/Lefèvre, S. 317–324, hier S. 321 f.

11 D. h. drei verschiedene Ansichten. Die Natur erscheint wie ein gerahmtes Bild, vgl. E. Lefèvre, *Plinius-Studien I*, S. 521 f. Vgl. auch hier § 21.

12 Der Gang hatte ein Souterrain (*suspensus*), in dem sich eine Heizvorrichtung befand. Die erwärmte Luft wurde durch Röhren in die Fußböden und Wände der übrigen Räume abgegeben.

13 Fest zu Ehren des Gottes Saturn am 17. Dezember, an dem in Erinnerung an das Goldene Zeitalter des Saturn die Schranken zwischen Herren und Sklaven aufgehoben waren und eine ausgelassene Stimmung herrschte.

14 Zur Traumerscheinung des Drusus vgl. *Träume in der Antike*, hrsg. von M. Giebel, Stuttgart 2006, S. 152ff. – Die Naturgeschichte, *Naturalis historia*, eine Enzyklopädie der Natur- und Kulturgeschichte, ist als einziges Werk erhalten, vgl. die lat.-dt. Auswahl, hrsg. von M. Giebel, Stuttgart 2005.

15 Plinius der Ältere war neben seinen militärischen Ämtern Prokurator, Finanzverwalter in den kaiserlichen Provinzen und persönlicher Berater der Kaiser Vespasian und Titus.

16 Vgl. seinen Ausspruch *Vita vigilia est* – »Leben bedeutet Wachsein« in der Vorrede seiner *Naturgeschichte* (Praef. 18).

17 Am Fest des Schmiedegottes Vulcanus am 23. August sollte man, obwohl Feiertag, doch seine Arbeit in Angriff nehmen, der guten Vorbedeutung wegen, d.h. um damit göttlichen Segen für das Jahr zu haben.

18 Am Morgen fand im Hause eines angesehenen Römers die *salutatio* statt, der Besuch von Bekannten und Freunden und solchen, die ein Anliegen hatten. Plinius will Tacitus einbinden in dieses neuartige Schulprojekt (eine Art höherer Schule), das nach dem Prinzip der Subsidiarität funktionieren soll. Vgl. G. Manuwald, »Eine ›Schule‹ für Novum Comum (*Epist.* 4,13)«, in: Castagna/Lefèvre, S. 203–217. – Plinius hat noch andere Stiftungen für seine Vaterstadt getätigt, eine Inschrift würdigt seine Verdienste, vgl. *Römische Inschriften*, lat./dt., hrsg. von L. Schumacher, Stuttgart 1988, Nr. 101, S. 168.

19 Im Brief 3,20 schrieb Plinius, die geheime Abstimmung durch Stimmtäfelchen im Senat werde wieder eingeführt. Die *Lex tabellaria* aus dem Jahr 139 v.Chr. bestimmte den Modus der geheimen Abstimmung bei den Beamtenwahlen in den Zenturiatkomitien, also in der Volksversammlung. Im Jahr 14 n.Chr. übertrug Tiberius die Beamtenwahlen dem Senat. Hier war es in der Folge zu Missständen gekommen, was zur Aufhebung der Praxis geführt hatte. 103/104 fordert der Senat die Wiedereinführung der geheimen Abstimmung. Plinius befürchtet, dass seine Amtskollegen im Senat nach der langen Zeit der Unmün-

digkeit unter Kaiser Domitian nicht die nötige Reife aufbringen werden, und sieht sich schließlich darin bestätigt. Er fordert aber dennoch, den Freiraum, den das kaiserliche Regiment unter Trajan bietet, entschlossen zu nutzen (*Epist.* 3,20,11 f.). Vgl. *Panegyricus* 66,4: *iubes esse liberos* – »Du heißt uns, frei zu sein«.

20 Das sollte heißen, die Kandidaten seien nur durch Protektion so weit gekommen.

21 Reminiszenz an Livius, der von der Gegenwart als von Zeiten schreibt, »in denen wir weder unsere Fehler noch ihre Heilmittel ertragen können« (Praef. 9). Vgl. auch Tacitus, *Agricola* 1–3. Das Zitat nach Platon, *Phaidon* 95b.

22 Vgl. *Epist.* 3,5. Tacitus hat den Tod des älteren Plinius wohl in einem der nicht erhaltenen Teile seiner *Historien* beschrieben.

23 Der Vesuv galt, im Gegensatz zum Ätna, als inaktiver Vulkan.

24 Die stoische unerschütterliche Haltung ebenso wie sein Bestreben, Hilfe zu bringen, entspricht seiner Persönlichkeit, wie sie sich in der *Naturgeschichte* vielfach ausdrückt. So erklärt er statt des Glaubens an zweifelhafte menschen- oder tiergestaltige Götter folgendes: »Gott sein, das heißt, dass ein Sterblicher dem andern hilft« (*Naturalis historia* 2,18).

25 Julius Caesar hatte einen ähnlichen Ausspruch auf einer gefahrvollen stürmischen Seefahrt gebraucht. Er sagte zum Steuermann: »Wage es und hab keine Angst. Du fährst Caesar und sein Glück« (Plutarch, *Caesar* 38,5). Er musste dennoch umkehren; Plinius betont nun – vorausgesetzt, er dachte an diesen bekannten Ausspruch –, dass sein Onkel nicht umkehrt, sondern den Elementen zum Trotz seine Rettungsaktion fortsetzt.

26 Das war bei dem schweren Erdbeben einige Zeit zuvor der Fall gewesen. Plinius weiß aber, dass es sich um Lavaströme handelt.

27 Man hat vermutet, Plinius wolle hier Gerüchten entgegentreten, sein Onkel habe, um den Erstickungstod zu beschleunigen, sich von einem seiner Sklaven töten lassen. – Der dritte Tag ist der 27. August.

28 Vergil, *Aeneis* 2,12. Mit diesen Worten leitet Aeneas seine Erzählung vom Brand und Untergang Trojas ein.

29 D. h. sie retteten sich in eine Abwehrhaltung des Zynismus.

30 Die Klage, dass nur Dichter und Schriftsteller der alten Zeit Lob verdienen, findet sich häufig bei Autoren der Kaiserzeit wie Horaz, *Epistulae* 2,1,21 ff., Velleius Paterculus 2,92,5, Martial 5,10 ff., Tacitus, *Annalen* 2,88,3; jedoch bei ihm auch Anerkennung der jetzigen Zeit: *Annalen* 3,55,5 und *Dialogus* 23,1.

31 Das Bild vom verschmähten Liebhaber, dem von seiner Geliebten (einer Hetäre, einem Mädchen niederen Standes) die Tür verschlossen wird, ist ein Topos der griechischen und römischen Liebesdichtung. Es wird hier auf die Liebe zur Gattin bezogen, ein Zeichen für eine gewandelte Gefühlswelt.

32 Die Manen, die Totengeister, hatten ohne gebührendes Begräbnis keine Ruhe gefunden.

33 Die *delatores*, Denunzianten, Spitzel, wie Carus Mettius, konstruierten oder erfanden unter Domitian angeblich hochverräterische Aussagen und zeigten daraufhin die betreffenden Personen an. Nach der Verurteilung zum Tode oder zum Exil erhielten sie einen Teil des eingezogenen Vermögens des Verurteilten. Man hat vermutet, Plinius sei es in diesem Brief hauptsächlich um das letzte Exemplum gegangen: Er habe sich als Verfolgten Domitians darstellen wollen – der Rechtfertigungsdrang derer, die unter einem Unrechtsregime überlebt, ja Ämter innegehabt hatten. Vgl. H. Offermann, »Offenheit oder Maskierung: Plinius [7,27]«, in: *Anregung* 39 (1993) S. 83–92 und 162–171, sowie Beutel (2000), S. 200–237.

34 Sie traten wie Trauernde in einem mitleiderregenden Zustand auf.

35 Nämlich die philosophischen Schriften mit ihrer Pflichtenlehre wie Ciceros *De officiis – Von den Pflichten*.

36 Im Gegensatz zur republikanischen Zeit war das Verfahren zur Freilassung von Sklaven (*manumissio*) erleichtert. Ihr neuer Status als Freigelassene konnte durch mehrere Zeugen vor den Behörden beglaubigt werden. Da Sklaven keine Rechtsfähigkeit besaßen, konnten sie kein gültiges Testament machen; es steht also in Plinius' freiem Ermessen, ihren letzten Willen zu beachten. Rechtlich gesehen stand ihm ihr Erbe zu. Nach traditioneller römischer Auffassung stellt jede *familia*, zu der nicht nur die Angehörigen des Hausherrn, sondern auch die Dienerschaft mit Sklaven und Freigelassenen gehört, einen Staat im kleinen dar, an dessen Spitze der *pater familias* steht, der für alle zum Haus Gehörenden zu sorgen hat.

37 Plinius wendet sich gegen die Auffassung, dass Sklaven keine Mitmenschen, sondern nur eine Sache seien (ebenso Seneca, *Epist.* 47), aber auch gegen die Haltung der rigorosen Stoiker, die jeden Affekt, auch Gefühle wie Mitleid und Trauer, als Störung der Seelenruhe ablehnten. Vgl. Lausberg (1991), S. 94.

38 Der sogenannte Griechenbrief hat als Vorbild die Denkschrift

Ciceros an seinen Bruder Quintus über eine rechte Provinzverwaltung (*Ad Quintum* 1,1). Zu den Unterschieden Lausberg (1991), S. 94f., der Brief als Zeugnis der *humanitas* des Plinius bei Lefèvre (2009), S. 169–176.

39 Im Gegensatz zu Gebieten mit griechischer Bevölkerung wie Makedonien, Kleinasien und Unteritalien. – Die Haltung der Römer den Griechen gegenüber war einerseits bestimmt von der Bewunderung ihrer alten Kultur, zum andern aber von einem Gefühl der Überlegenheit gegenüber den besiegten Untertanen. Plinius will seinen Freund auf eine Haltung des Respekts und der Anerkennung festlegen, wobei er weiß, dass dieser auch mit der Beseitigung von gravierenden Missständen zu tun haben wird.

40 In Eleusis bei Athen hatte dem Mythos zufolge die Göttin Demeter den Königssohn Triptolemos ausgesandt, um die Menschen den Anbau des Getreides zu lehren. In die Mysterien von Eleusis ließen sich auch viele Römer einweihen wie Cicero oder Hadrian.

41 Maximus sollte die Finanzverwaltung einzelner Städte ordnen, musste aber auf die besonderen Rechte und Freiheiten von Gemeinwesen Rücksicht nehmen.

42 In Griechenland, der Heimat der *humanitas*, verdienen die Bewohner die Bezeichnung *homines* in besonderer Weise. Die Griechen haben auch das Naturrecht der Freiheit bewahrt, durch die Schaffung der Demokratie, durch ihre Verdienste im Kampf gegen die Despotie der Perser, und sie sind keine Untertanen, sondern treue Bundesgenossen Roms. Im Jahr 196 v. Chr. hatte der römische Feldherr Titus Quinctius Flamininus nach dem Sieg über König Philipp V. von Makedonien Griechenland für frei erklärt. Kaiser Nero hatte das Recht der Griechen auf freie Selbstverwaltung bei seinem Besuch 67 n. Chr. bestätigt. In Griechenland standen auch keine römischen Truppen.

43 Vor der Kodifizierung der Zwölftafelgesetze hatte Rom der Überlieferung zufolge eine Gesandtschaft nach Griechenland geschickt, um die dortigen Gesetze kennenzulernen.

44 Die *fasces*, die Rutenbündel, wurden den hohen Beamten wie Konsuln und Statthaltern als Zeichen ihrer Amtsgewalt in der Öffentlichkeit vorangetragen. – Eine humane Ausübung des Statthalteramtes lag Plinius am Herzen; hatte er doch mehrfach Provinzialen vor Gericht vertreten, die gegen einen Statthalter Klage geführt hatten (vgl. *Epist.* 2,11; 3,9).

45 Maximus hatte sich in der Finanzverwaltung Bithyniens (Plinius' späterer Provinz) ausgezeichnet und das Vertrauen des Kaisers gewonnen. Er hatte sein künftiges Amt nicht wie gewöhnlich durch Losentscheidung, sondern durch einen persönlichen Auftrag des Kaisers erhalten. – Wegen der kulturellen Nähe Griechenlands zu Rom bezeichnet Plinius dieses als *suburbana*. Im Gegensatz zu den Bewohnern von Bithynien werden die Griechen wegen ihres Sonderstatus als Freie bezeichnet, vgl. Anm. 42.

46 Ähnlich äußert sich Cicero, der einen Freund beneidet, dass er, statt die Zirkusspiele anschauen zu müssen, sich seiner kultivierten Muße widmen konnte (*Ad familiares* 7,1). Auch Seneca lehnt die Teilnahme an Gladiatorenspielen und Tierhetzen ab (*Epistulae ad Lucilium* 7).

47 Dem farbigen Dress des Wagenlenkers, der einer der vier Parteien angehörte: der weißen, der roten, der grünen oder der blauen. Alle Parteien hatten ihre fanatischen Anhänger.

48 Mit *patrocinium* gebraucht Plinius hier einen Ausdruck aus dem Gerichtswesen, um durch das Beispiel des Adressaten etwaiger Kritik wegen zu luxuriöser Bautätigkeit entgegenzutreten, wie sie u. a. von Seneca bekannt ist.

49 Der Schauspieler der antiken Tragödie trug den Kothurn, einen Schuh mit hohem Absatz, während der Schauspieler der Komödie den *socculus*, eine leichte Sandale, anhatte. Die Villa Serbelloni in Belaggio am Comer See, die auf einem Unterbau errichtet wurde, soll auf dem Fundament der »Tragödienvilla« des Plinius stehen.

50 Diese Gedanken vertritt auch Quintilian, der Redelehrer des Plinius, in seinem Werk über die Ausbildung des Redners (*Institutio oratoria*), in dem er sich zu Anfang mit der Kindererziehung befasst.

51 Ein Gerichtshof, der ursprünglich aus etwa 100 Richtern bestand. Dieses Gericht hatte vier Kammern und entschied über Zivilsachen wie Eigentums- und Erbstreitigkeiten.

52 Der Freigelassene hatte sich etwas zuschulden kommen lassen und sich zu Plinius geflüchtet in der Hoffnung auf eine Vermittlung (*Epist.* 9,21). Vgl. den Brief des Paulus an Philemon.

53 Diese und andere Geschichten von Delphinen erzählt auch der ältere Plinius in seiner *Naturgeschichte* (9,24–32).

54 Er hielt ihn für ein Göttertier; Delphine waren der Aphrodite-Venus und dem Dionysos-Bacchus heilig.

55 Die Gemeinde musste für Verpflegung und Unterkunft der anreisenden Beamten sorgen, die meist von einem zahlreichen Gefolge begleitet wurden, was zu starken finanziellen Belastungen führte.

56 Plinius nennt das Landgut: bei den Tuskern, den Etruskern, d.h. in der heutigen Toscana, und er beschreibt es in *Epist.* 5,6.

57 Der *notarius*, Sekretär und Schreiber, benutzte eine Abkürzungsschrift, die auf Tiro, den Sekretär Ciceros, zurückgehen sollte (*notae Tironianae*) und noch bis ins Mittelalter gebräuchlich war.

58 Nach der Ansicht antiker Ärzte war lautes Lesen ein Mittel gegen Verdauungsstörungen, vielleicht durch die intensive Atmung. Nach der Lektüre sollte man spazieren gehen. Die Wandelhalle war gewöhnlich tausend Fuß lang (vgl. die Empfehlung: »tausend Schritte tun«).

59 Plinius nennt seine Sklaven und Freigelassenen *mei*. Den Ausdruck *servi* vermeidet er. Vgl. *Epist.* 2,17,7.24.

60 Vgl. das Jagdbillett an Tacitus in *Epist.* 1,6.

61 Die Familiengesetzgebung des Augustus hatte zur Hebung der Bevölkerungszahl Unverheirateten und Kinderlosen Beschränkungen auferlegt und den Eltern von drei oder mehr Kindern Vergünstigungen gewährt. Dies wurde dann auch Personen zuteil, die sich Verdienste erworben, aber keine Kinder hatten. Trajan verleiht auf Bitten des Plinius seinem Freund Sueton, dessen Ehe kinderlos ist, das Dreikinderrecht, betont aber, dass er dieses Vorrecht nur sparsam verleihe (*Epist.* 10,95). Plinius hoffte trotz der Fehlgeburt seiner Frau (vgl. *Epist.* 8,10) noch auf Kinder. – Das traurige Zeitalter ist die Regierungszeit Domitians.

62 Eine der persönlichen Bemerkungen Trajans, die zeigen, dass sich der Princeps selbst mit der Korrespondenz befasste und die Antworten nicht, von allgemeinen Hinweisen abgesehen, der kaiserlichen Kanzlei überließ. Vgl. auch den Anfang von *Epist.* 10,38. – Plinius war *legatus pro praetore consulari potestate*; er war als Statthalter von Trajan mit besonderen Vollmachten ausgestattet, um die Finanzsituation der Städte zu prüfen und zu regulieren. Diese beriefen sich oft auf ihr Selbstverwaltungsrecht.

63 In einem anderen Schreiben weist Trajan die Forderung nach Entsendung eines Wasserbautechnikers mit dem Hinweis zurück, solche Spezialisten gebe es dort bei ihm genügend, denn – was Plinius wissen müsste – es sind meistens Griechen.

64 *Epist.* 10,96 und 97 bilden das früheste und ausführlichste

Zeugnis über das frühe Christentum und seinen Konflikt mit dem römischen Staat. Die Kirchenväter Eusebius, Tertullian und Hieronymus nehmen vielfach Bezug auf diese Briefe. – In Bithynien und Pontus gab es Christen schon um die Mitte des 1. Jahrhunderts. Der Erste Petrusbrief richtet sich u.a. an Christen in Bithynien und Pontus (1 Petr. 1).

65 Das unbedingte Beharren der Christen auf dem Monotheismus und die strikte Ablehnung der üblichen, im täglichen Leben verankerten religiösen Lebensformen mussten in der antiken Welt, die grundsätzlich liberal und tolerant in Glaubensfragen war, Befremden und Anstoß erregen. Der allgemeine Vorwurf, den man den Christen (wie den Juden) machte, war *odium generis humani* (vgl. Tacitus, *Annalen* 15,44), eine Haltung der Ablehnung und Unverträglichkeit gegenüber den Mitmenschen. Auch ihre Erwartung eines göttlichen Endgerichts über die sündige Menschheit erregte Anstoß. Die Verfolgung ging ursprünglich jeweils von privaten Gruppen oder Einzelpersonen aus, nicht von der römischen Staatsgewalt. Diese griff meistens erst ein, wenn ein Aufruhr entstanden war oder wenn sie als Appellationsinstanz angerufen wurde. Die hier angeklagten Personen mit römischem Bürgerrecht wurden nach Rom überstellt, wie der Apostel Paulus, der an den Kaiser appelliert hatte (vgl. Apg. 25,11f.).

66 Am Sonntag, den sie den Tag des Herrn nannten, da Christus an diesem Tag von den Toten auferstanden war.

67 Wie die Juden im Mittelalter, so wurden die Christen damals verdächtigt, bei ihren geheimen Zusammenkünften kleine Kinder zu schlachten. – Die bithynischen Christen gaben die *Agape*, das Liebesmahl, auf, da sich das kaiserliche Verbot (vgl. *Epist.* 10,34) von Vereinigungen auf Zusammenkünfte mit Speisungen bezog. Vermutlich verlegten sie damals zuerst die Eucharistiefeier in den Frühgottesdienst am Sonntag.

68 Diakone (»Diener«) wurden von den Aposteln als Gemeindehelfer für karitative Tätigkeiten eingesetzt, vgl. Apg. 6,1ff. Als Diakonin im Dienst der Gemeinde von Kenchreae (bei Korinth) wird die Christin Phoebe von Paulus im Römerbrief 16,1 erwähnt. Das Zeugnis des Paulus wie das des Plinius belegt das Diakonat für Frauen in der frühen Kirche. – Die beiden hier genannten Diakoninnen waren Sklavinnen, daher musste dem Gesetz nach ihre Vernehmung unter der Folter stattfinden.

69 Unter der Rubrik der *humanitas* des Plinius werden die Christenbriefe behandelt bei Lefèvre (2009), S. 176–180.

70 Hinter den anonymen Denunzianten, die Plinius eine solch umfangreiche Namensliste in die Hände spielten, darf man – neben religiösen Fanatikern und Personen, die aus persönlicher Feindschaft und Habgier handelten – Gruppen vermuten, die sich durch die Christen materiell geschädigt, ja in ihrer Existenz bedroht fühlten, also Lieferanten von Opfertieren sowie die Priester und ihre Diener, die das Fleisch, die Felle und Häute der Opfertiere verkauften. Christen durften vom Opferfleisch nicht essen, vgl. Apg. 15,29. Man denke auch an die Angriffe der Devotionalienhändler in Ephesus auf Paulus (»Groß ist die Diana der Epheser!«, Apg. 19,24 ff.).

71 Im Gegensatz zu Plinius erwähnt Trajan keine Opfer vor seiner Statue; er wollte auch keine Aufstellung seiner Statuen neben denen der Götter und keine gottgleiche Verehrung (vgl. *Panegyricus* 52; *Epist.* 10,9); hier will er vielleicht Rücksicht nehmen auf die Christen, für die der Kaiserkult besonders anstößig war.

Literaturhinweise

Der lateinische Text für die Bücher 1–9 folgt der Ausgabe: *C. Plini Caecili Secundi epistularum libri decem*, ed. M. Schuster und R. Hanslik, Leipzig/Stuttgart: Teubner, [3]1958. Dem 10. Buch liegt die Oxford-Ausgabe von R. A. B. Mynors (1963) zugrunde.

Die vorliegende Ausgabe folgt der Gesamtausgabe: Plinius, *Epistulae / Sämtliche Briefe*, Lat./Dt., übers. und hrsg. von H. Philips (Bücher 1–9) und M. Giebel (Buch 10), Stuttgart: Reclam, 2010 (Reclams Universalbibliothek, 18742).

Weitere Ausgaben und Übersetzungen

Kasten, H.: C. Plini Secundi Epistularum libri decem. Briefe. Lat./Dt. München: Heimeran, 1968. [8]2003. (Sammlung Tusculum.)

Philips, H.: Plinius der Jüngere. Briefe. Leben und Kultur der frühen römischen Kaiserzeit. Veränd. Nachdr. Paderborn: Schöningh, 1986. [Auswahl, Einf. und Komm.]

Sherwin-White, A. N.: The Letters of Pliny. A Historical and Social Commentary. Oxford: Clarendon Press, 1966 [u. ö.].

Sekundärliteratur

Albrecht, M. v.: Geschichte der römischen Literatur. München [2]1994. [Zu Plinius: Bd. 2, S. 909–917, mit Lit.]

Bengtson, H.: Die Flavier. Vespasian – Titus – Domitian. Geschichte eines römischen Kaiserhauses. München 1979.

Beutel, F.: Vergangenheit als Politik. Neue Aspekte im Werk des jüngeren Plinius. Frankfurt a. M. 2000.

Binder, G.: Öffentliche Autorenlesungen. Zur Kommunikation zwischen römischen Autoren und ihrem Publikum. In: G. B. / K. Ehlich (Hrsg.): Kommunikation durch Zeichen und Wort. Stätten und Formen der Kommunikation im Altertum IV. Trier 1995. S. 265–332.

– / Zink, N. (Hrsg.): Vom Vesuvausbruch des Jahres 79 n. Chr. Bericht des jüngeren Plinius in zwei Briefen über den Tod seines Onkels, Plinius des Älteren. Frankfurt a. M. 1979.

Birley, A.: Onomasticon to the Younger Pliny. Letters and Panegyric. München/Leipzig 2000.

Bütler, H.-P.: Die geistige Welt des jüngeren Plinius. Studien zur Thematik seiner Briefe. Heidelberg 1970.

Castagna, L. / Lefèvre, E. (Hrsg.): Plinius der Jüngere und seine Zeit. München/Leipzig 2003. [Zit. als: Castagna/Lefèvre.]

Christ, K.: Geschichte der römischen Kaiserzeit. München 1982. ^{3}1995.

Giebel, M.: Dichter Kaiser Philosophen. Ein literarischer Führer durch das antike Italien. Stuttgart 2007.

Lausberg, M.: Cicero – Seneca – Plinius. Zur Geschichte des römischen Prosabriefes. In: Anregung 37,2 (1991) S. 82–100.

Lefèvre, E.: Plinius-Studien I: Römische Baugesinnung und Landschaftsauffassung in den Villenbriefen (2,17; 5,6). In: Gymnasium 84 (1977) S. 519–541.

– Plinius-Studien II: Diana und Minerva. Die beiden Jagd-Billette an Tacitus (1,6; 9,10). In: Gymnasium 85 (1978) S. 37–47.

– Plinius-Studien III: Die Villa als geistiger Lebensraum (1,3; 1,14; 2,8; 6,31; 9,36). In: Gymnasium 94 (1987) S. 247–262.

– Plinius-Studien IV: Die Naturauffassung in den Beschreibungen der Quelle am *Lacus Larius* (4,10), des *Clitumnus* (8,8) und des *Lacus Vadimo* (8,20). In: Gymnasium 95 (1988) S. 236–269.

– Plinius-Studien V: Vom Römertum zum Ästhetizismus. Die Würdigungen des älteren Plinius (3,5), Silius Italicus (3,7) und Martial (3,21). In: Gymnasium 96 (1989) S. 113–128.

– Plinius-Studien VI: Der große und der kleine Plinius. Die Vesuv-Briefe (6,16; 6,20). In: Gymnasium 103 (1996) S. 193–215.

– Plinius-Studien VII: Cicero das unerreichbare Vorbild (1,2; 3,15; 4,8; 7,4; 9,2). In: Gymnasium 103 (1996) S. 333–353.

– Vom Römertum zum Ästhetizismus. Studien zu den Briefen des jüngeren Plinius. Berlin / New York 2009.

Ludolph, M.: Epistolographie und Selbstdarstellung. Untersuchungen zu den ›Paradebriefen‹ Plinius des Jüngeren. Tübingen 1997.

– Briefe Plinius des Jüngeren als Mittel der Selbstdarstellung – ein Lektüreprojekt der Jahrgangsstufe 11 (L I). In: P. Neukam / B. O'Connor (Hrsg.): Tradition und Zukunft. München 2001. S. 85–111.

Mratschek, S.: *Illa nostra Italia*. Plinius und die Wiedergeburt der Literatur in der Transpadana. In: Castagna/Lefèvre, S. 219–241.

Nünnerich-Asmus, A. (Hrsg.): Traian. Ein Kaiser der Superlative am Beginn einer Umbruchszeit? Mainz 2002.
Olshausen, E.: Mit der Katastrophe leben. Mentalitätsgeschichtliche Studie zum Umgang von Menschen mit Naturkatastrophen am Beispiel des Vesuvausbruchs 79 n. Chr. In: E. O. / H. Sonnabend (Hrsg.): Naturkatastrophen in der antiken Welt. Stuttgart 1998. S. 448–461.
Radicke, J.: Die Selbstdarstellung des Plinius in seinen Briefen. In: Hermes 125 (1997) S. 447–469.
Rieks, R.: Homo, humanus, humanitas. Zur Humanität in der lateinischen Literatur des ersten nachchristlichen Jahrhunderts. München 1967.
Römer, J.: Naturästhetik in der frühen römischen Kaiserzeit. Frankfurt a. M. / Bern 1981.
Sallmann, K.: Quo verius tradere posteris possis. Plin. epist. 6,16. In: Würzburger Jahrbücher N. F. 5 (1979) S. 209–218.
Schönberger, O.: Die Vesuv-Briefe des jüngeren Plinius (VI 16 und 20). In: Gymnasium 97 (1990) S. 526–548.
Winkler, G.: Der Vesuvausbruch vom August 79 n. Chr. in der antiken Überlieferung. In: E. Olshausen / H. Sonnabend (Hrsg.): Naturkatastrophen in der antiken Welt. Stuttgart 1998.

Zu den Christenbriefen (Buch 10,96.97)

Babel, H.: Der Briefwechsel zwischen Plinius und Trajan über die Christen in strafrechtlicher Sicht. Diss. Erlangen 1961.
Freudenberger, R.: Das Verhalten der römischen Behörden gegen die Christen im 2. Jahrhundert, dargestellt am Brief des Plinius an Trajan und den Reskripten Trajans und Hadrians. München [2]1969.
Guyot, P. / Klein, R. (Hrsg.): Das frühe Christentum bis zum Ende der Verfolgungen. Eine Dokumentation. Bd. 1: Die Christen im heidnischen Staat. Darmstadt 1993. – Bd. 2: Die Christen in der heidnischen Gesellschaft. Ebd. 1994.
Last, H.: Christenverfolgungen II (juristisch). In: Reallexikon für Antike und Christentum (RAC). Bd. 2. Stuttgart 1954. Sp. 1208–28.
Liebs, D.: Eine kriminelle Vereinigung? Plinius der Jüngere richtet Christen, um 110 n. Chr. In: Vor den Richtern Roms. Berühmte Prozesse der Antike. München 2007. S. 115–126.

Plankl, W.: Wirtschaftliche Hintergründe der Christenverfolgungen in Bithynien. In: Gymnasium 60 (1953) S. 54–56.

Reichert, A.: Durchdachte Konfusion: Plinius, Trajan und das Christentum. In: Zeitschrift für die neutestamentliche Wissenschaft und die Kunde der älteren Kirche (ZNW) 93 (2002) S. 227–250.

Schillinger-Häfele, U.: Plinius epist. 10,96 und 97. Eine Frage und ihre Beantwortung. In: Chiron 9 (1979) S. 383–392.

Sordi, M.: Plinio, Traiano e i Cristiani. In: Castagna/Lefèvre, S. 267–277.

Stöver, H. D.: Christenverfolgungen im Römischen Reich. Ihre Hintergründe und Folgen. München 1984.

Thraede, K.: Noch einmal Plinius d. J. und die Christen. In: Zeitschrift für die neutestamentliche Wissenschaft und die Kunde der älteren Kirche (ZNW) 95 (2004) S. 102–128.

Vogt, J.: Christenverfolgungen I (historisch). In: Reallexikon für Antike und Christentum Bd. 2. Stuttgart 1954. Sp. 1159–73.

Wlosok, A.: Rom und die Christen. Zur Auseinandersetzung zwischen Christentum und römischem Staat. Stuttgart 1970. S. 27–39.

Zeittafel

61/62 n. Chr.	C. Plinius Caecilius Secundus in Novum Comum (Como) geboren.
69–79	Kaiser Vespasian.
76	Plinius im Hause seines Onkels und Adoptivvaters Plinius des Älteren in Rom, studiert Rhetorik u. a. bei Quintilian. Erstes Auftreten als Redner vor Gericht.
79	24. August: Ausbruch des Vesuvs, der Onkel kommt bei einer Rettungsaktion ums Leben. Plinius berichtet später Tacitus vom Tod des Onkels und beschreibt die Ereignisse beim Ausbruch (»plinianische Eruption«).
81–96	Kaiser Domitian.
ab 88	Plinius durchläuft die Ämterlaufbahn: Quästor, Volkstribun, Prätor. Gerichtstätigkeit.
96	Ermordung Kaiser Domitians. Sein Nachfolger Nerva adoptiert Trajan.
97	Plinius Verwalter der Staatskasse.
98	Nach Nervas Tod wird Trajan vom Senat zum Kaiser bestimmt (Wahl- oder Adoptivkaisertum) und später als *Optimus princeps* ausgezeichnet.
100	Plinius Konsul, hält die Dankrede an Trajan (*Panegyricus*).
104–107	Plinius wird Wasserbauinspektor in Rom (mit der Aufsicht über das Tiberbett, die Ufer und die Abwasserkanäle).
109–111	Herausgabe der Briefsammlung in neun Büchern.
ab 111	Plinius als Statthalter mit außerordentlicher Vollmacht in der Provinz Bithynien-Pontus am Schwarzen Meer.
nach 113	Vermutlich Tod des Plinius in der Provinz. Seine Gattin Calpurnia und Freunde geben die Korrespondenz mit Kaiser Trajan als 10. Buch der Briefsammlung heraus.

Verzeichnis der Eigennamen

Die Namen von Personen, über die nichts Näheres bekannt ist, wurden nicht aufgenommen.

Achaia: die römische Provinz Griechenland, Mittelgriechenland und die Peloponnes 8,24,2

Africa: die römische Provinz Africa Proconsularis, etwa das heutige Tunesien und Ostalgerien 7,27,2; 9,33,2

Arria: Großmutter der Fannia, Gattin des Caecina Paetus, der wegen seiner Teilnahme an einem Aufstand gegen Kaiser Claudius zum Tode verurteilt war und zu Hause Selbstmord begehen durfte; Arria tötete sich vor seinen Augen, um ihm Mut zu machen 3,16

Athenodorus: angesehener stoischer Philosoph aus Tarsus, lehrte Philosophie, u. a. im Hause des Augustus 7,27,7 ff.

Atilius Crescens: Landsmann und Jugendfreund des Plinius 1,9,8

Aufidius Bassus Verfasser eines Geschichtswerkes bis zu Caligula, das Plinius der Ältere fortsetzte 3,5,6

Baebius Macer: aus Como, Konsul 103, Stadtpräfekt 117 n. Chr., trat auch in Gerichtsverhandlungen hervor; Sammler der Werke Plinius des Älteren, war selbst als Historiker tätig 3,5

Baiae: beliebter Bade- und Kurort am Golf von Neapel, mit luxuriösen, weit ins Meer hinaus gebauten Villen 9,7,3

Bithynien: römische Provinz, verbunden mit Pontus, am Südrand des Schwarzen Meeres, wo Plinius ab 111 Statthalter war 8,24,8

Caecina Paetus: s. *Arria*

Calpurnia: aus Como, Gattin des Plinius 4,19; 6,4; 6,7; 7,5

Calpurnia Hispulla: Tante von Plinius' Gattin Calpurnia 4,19

Calvisius Rufus: aus Como, war dort Ratsherr, häufiger Briefpartner des Plinius 9,6

Campanien: Landschaft um den Golf von Neapel 6,4,1; 6,20,3

Caninius Rufus: Landsmann des Plinius aus Como, literarisch tätig, plante ein Epos über den Dakerkrieg Trajans, Plinius empfiehlt ihm 9,33 die Delphingeschichte 1,3; 6,21,1; 9,33

Capri: Insel im Golf von Neapel 6,20,11

Carus (*Mettius Carus*): Denunziant und Ankläger unter Nero und Domitian 7,27,14

Christus: 10,96,5

Claudius: Kaiser 41–54 n.Chr., betrieb literarische Studien 1,13,3

Comum: Novum Comum, heute Como, Kleinstadt in Oberitalien, von Julius Caesar zur Kolonie römischer Bürger erhoben; Heimat des Plinius, seiner Gattin und mehrerer seiner Verwandten und Freunde, die dem Ritterstand entstammten 1,3; 4,13; 9,7

Curtius Rufus: nicht identisch mit dem Alexanderhistoriker, Konsul um 45 n.Chr.; Statthalter in der Provinz Africa, starb dort 7,27,2

Demosthenes: 384–322, berühmtester Redner der Antike, Vorbild für Cicero und Plinius 9,23,5

Diana: Göttin der Jagd 1,6

Domitian: Kaiser 81–96, wegen seines tyrannischen Regiments ermordet 7,27,14

Drusus Nero: Nero Claudius Drusus, Stiefsohn des Augustus, Bruder des Tiberius, führte erfolgreiche Kriege gegen die Germanen, starb an der Elbe 9 v.Chr.; Augustus und Tiberius beendeten nach der Niederlage des Varus 9 n.Chr. die Offensivpolitik gegen die Germanen 3,5,4

Fabatus: Calpurnius Fabatus, Großvater der Gattin des Plinius, Calpurnia, deren Eltern verstorben waren und die daher enge Beziehungen zu ihrem Großvater und ihrer Tante Calpurnia Hispulla hatte; er stammte aus Comum, Plinius richtete mehrere Briefe an ihn 8,10

Fannia: Enkelin der Arria, s. dort 3,16

Fuscus: Cn. Pedianus Fuscus Salinator, aus vornehmer Familie, bekannt als Anwalt, war dann 118 zusammen mit Kaiser Hadrian Konsul 9,36

Gades: Stadt in Südspanien, heute Cadiz; die Tänzerinnen aus Gades waren berühmt für ihre Kunst (Flamenco?) 1,15,3

Hippo: Hippo Diarrhytus, Stadt in der Provinz Africa Proconsularis, heute Bizerte in Tunesien 9,33,2

Julius (*Ursus*) *Servianus:* Konsular und Legat Trajans in Obergermanien und Pannonien 10,2,1

Junior: C. Terentius Junior, römischer Ritter, lebte nach seiner

Amtstätigkeit auf seinen Landgütern und betrieb literarische Studien 9,12

Larcius Licinus: Statthalter in Spanien, unter ihm war Plinius der Ältere Prokurator (Finanzverwalter) 3,5,17

Lariner See: lacus Larinus bzw. *Larius*, der Comer See 9,7,1

Laurentum: Laurentinum, Landgut des Plinius bei Ostia 1,9,4; 2,17

Licinius Sura: gelehrter Freund und Berater Trajans, verfasste seine Reden; Konsul, Feldherr und Statthalter; Gönner des Dichters Martial 7,27

Livius: s. *Titus Livius*

Mailand: Mediolanum, Hauptstadt der Region Transpadana 4,13,3

Maximus: der ältere Maximus, literarisch interessiert 9,23

Maximus: der Jüngere dieses Namens war erfolgreich tätig als Quästor in der Provinz Bithynien-Pontus, Prätor 108 n. Chr., wurde dann von Trajan als Statthalter mit besonderen Vollmachten nach Achaia (Griechenland) geschickt 8,24

Minerva: Göttin der Weisheit, der Künste und Wissenschaften 1,6

Minicius Fundanus: Konsul und Statthalter, hatte philosophische und literarische Interessen, war schriftstellerisch tätig 1,9

Misenum: Hafenstadt am Golf von Neapel, etwa 30 km vom Vesuv entfernt, Stützpunkt der Flotte, deren Kommandant Plinius der Ältere zum Zeitpunkt des Vesuvausbruchs war; das riesige Wasserreservoir ist noch erhalten (*Piscina mirabilis*) 6,16,4

Nero: Kaiser 54–68 n. Chr. 3,5,5

Nikomedien: Hauptstadt der Provinz Bithynien-Pontus 10,37,1; 10,38

Nonianus: Verfasser einer römischen Geschichte, aus der er unter Kaiser Claudius vortrug 1,13,3

Paternus: Plinius Paternus Pusillienus, Verwandter des Plinius aus Como, war dort Ratsherr 8,16

Plinius der Ältere: C. Plinius Secundus, Onkel des Plinius, geb. 23/24 in Como, adoptierte seinen Neffen, war in führenden Stellungen tätig, Berater Kaiser Vespasians, fruchtbarer Schriftsteller (*Naturalis historia* in 37 Büchern), kam 79 n. Chr. beim

Vesuvausbruch bei einer Rettungsaktion ums Leben 3,5; 6,16; 6,20

Pomponianus: mit dem älteren Plinius befreundeter Flottenoffizier; Plinius fährt auf seiner Rettungsaktion zu ihm nach Stabiae und kommt dort ums Leben 6,16,11 ff.

Pomponius Secundus: evtl. Vater des Vorigen, Konsul 44 n. Chr., Feldherr und Statthalter in Obergermanien, auch als Tragödiendichter bekannt, Freund und Gönner des älteren Plinius, der eine Lebensbeschreibung von ihm verfasste 3,5,3

Rectina: Gattin des Cascus, bittet Plinius den Älteren um Hilfe beim Vesuvausbruch; er kann bei ihrer Villa nicht landen 6,16,8

Romanus: Voconius Romanus, aus Sagunt in Spanien, Redner und Schriftsteller, mit Plinius befreundet 9,7

Septicius Clarus: aus der Transpadana, Prätorianerpräfekt 119–122, literarisch interessiert; Plinius nennt ihn als Anreger für die Sammlung und Veröffentlichung seiner Briefe 1,1; 1,15

Sosius Senecio: Konsul 99 und 107, gehörte zum engeren Kreis Kaiser Trajans, literarisch interessiert, Freund des Plinius 1,13

Stabiae: Städtchen am Südufer des Golfs von Cumae; dorthin fährt Plinius der Ältere bei seiner Rettungsaktion 6,16,12

Sueton: (Suetonius) Tranquillus (um 70–140), Freund des Plinius, Verfasser der Kaiserbiographien, Sekretär bei Kaiser Hadrian 1,24

Tacitus: Cornelius Tacitus, um 57–120, Konsul und Statthalter, neben Livius der bedeutendste römische Geschichtsschreiber; seine bekanntesten Werke sind die *Germania*, die *Historien* (Geschichte vom Jahr 69 bis 96, dem Tod Domitians und dem Ende der flavischen Dynastie) und die *Annalen* (vom Tode des Augustus 14 n. Chr. bis 68, dem Tod Neros und dem Ende der julisch-claudischen Dynastie); mit Plinius befreundet, der häufigste Briefpartner 4,13; 6,16; 6,20; 9,23,2

Titus Livius: 59 v. Chr. – 17 n. Chr., Verfasser des umfassenden Geschichtswerks *Ab urbe condita* (*Von der Gründung der Stadt an*), in 142 Büchern, mit berühmt gewordenen exemplarischen Erzählungen (z. B. Lucretia, Hannibal), die man für Übungszwecke exzerpierte 6,20,5

Trajan: Marcus Ulpius Traianus, 98–117 Kaiser, der erste aus einer Provinz (Spanien), von Kaiser Nerva (96–98) adoptiert, vom

Senat zum Princeps bestimmt (Wahl- oder Adoptivkaisertum), mit dem Titel *Optimus Princeps*, bester Herrscher, vom Senat geehrt, unterwirft in mehreren Feldzügen (101–102, 105) die Daker (Provinz Dacia im Donauraum); nach siegreichen Kämpfen im Orient gegen die Parther (114–117) verleiht er mit der Einrichtung der Provinzen Armenia, Assyria und Mesopotamia dem römischen Reich seine größte Ausdehnung; sein Briefwechsel mit Plinius zeigt seine gewissenhafte Bemühung um die Belange der Reichsbewohner 10,2; 10,37; 10,38; 10,96; 10,97

Tusculum: Landstadt in den Albanerbergen bei Rom, beliebte Villengegend, wo Cicero sein Tusculanum hatte und auch Plinius eine Villa besaß 4,13,1

Vespasian: Titus Flavius Sabinus Vespasianus, 69–79 Kaiser, Begründer der flavischen Dynastie (mit seinen Söhnen Titus und Domitian); Eroberung Jerusalems (Titusbogen in Rom), Sicherung der Grenzen, Sparsamkeit im Staatshaushalt, Bau des Flavischen Amphitheaters (Kolosseum) an der Stelle von Neros Goldenem Haus; unter seinem Sohn Titus (79–81) Ausbruch des Vesuvs 3,5,9

Nachwort

»Ich bin richtig böse auf Dich«, schreibt Plinius an einen Freund. Warum? Weil dieser ihm schon lange nicht mehr geschrieben hat. Und als ein anderer saumseliger Briefpartner erklärt, er habe eben nichts zu schreiben, antwortet Plinius: »Dann schreibe eben, dass es nichts gibt, was Du schreiben kannst. Oder wenigstens so, wie die Leute früher: ›Wie geht es Dir? Mir geht es gut.‹ Das genügt mir, das ist das Wichtigste. Du glaubst, ich mache Witze? Nein, ich meine es ganz ernst mit meiner Bitte. Lass mich wissen, wie es Dir geht, denn ich bin äußerst besorgt, wenn ich das nicht weiß. Leb wohl«.

Plinius hat seine Briefe an Freunde und Angehörige selbst herausgegeben, in neun Büchern, wohl nach der Zahl der Musen. Das zehnte Buch, sein Briefwechsel als Provinzgouverneur mit Kaiser Trajan, wurde erst nach seinem Tod der Sammlung hinzugefügt. Sie ist nicht chronologisch geordnet, auch nicht thematisch, sondern nach dem Prinzip der *variatio* gestaltet, einer bunten Reihung, so wie auch Catull und Horaz ihre Gedichte anordneten. Die beiden oben zitierten Briefe stehen ziemlich am Anfang (2,2; 1,11) und deuten auf einen Hauptaspekt der Sammlung hin: Es geht nicht so sehr um den Austausch von Neuigkeiten als vielmehr um Kommunikation auf der Basis freundschaftlicher Beziehungen, die durch diesen Briefwechsel gepflegt werden sollen (und die sich dann auch auf die späteren Leser der Briefausgabe erstrecken). Plinius wünscht sich nicht nur briefliche Mitteilungen; seine Freunde sollen ihm auch alles schicken, was sie so schreiben: Reden, Gedichte, Geschichtsdarstellungen. Seine Briefpartner stehen zwar mitten im Leben, sie bekleiden Ämter in Rom und in den Provinzen, führen Prozesse als Anwälte vor Gericht, verwalten ihre Güter, aber sie pflegen auch wie er die *studia*: Eigene wissenschaftliche und literarische Beschäfti-

gung, lesend, schreibend und hörend, ist für sie ein lebenswichtiges Element. An diesen Betätigungen nimmt man gegenseitig Anteil: Plinius bittet die Freunde brieflich um ihr Urteil über die Früchte seiner *studia*, er will die ihrigen lesen, notfalls korrigieren, und er drängt sie dann dazu, ihre Gedichte oder Schriften öffentlich bekannt zu machen. Das geschah in Lesungen vor geladenem Publikum, und solche Rezitationen erfreuten sich großer Beliebtheit im kulturellen Leben in Rom. Plinius befasst sich in zahlreichen Briefen mit dem regen Literaturbetrieb seiner Zeit (z.B. 1,13) und sucht selbst den Kontakt mit einem gebildeten Auditorium, das ihm sozusagen vor der Schlussredaktion einer seiner Schriften noch Anregungen gibt zur Verbesserung und ihn in seiner schriftstellerischen Tätigkeit bestärkt. Die Hörer, die Plinius für sich und seine Freunde wünscht, sind gebildete Römer: Sie haben die Hohe Schule der Rhetorik absolviert, sind gewohnt, als Redner in der Öffentlichkeit aufzutreten und erwarten interessante und stilistisch ausgeformte Vorträge. Plinius wählt Gerichtsreden, die er in aufsehenerregenden Prozessen gehalten hat, sowie seine Preisrede auf Kaiser Trajan zum Antritt seines Konsulats. Diese Stücke überarbeitet er nach allen Regeln der Kunst, wie sie die Rhetorik auch zum *delectare* vorgibt, zum Hör- und Lesegenuss, wobei er sich die größten Redner zum Vorbild nimmt, wie Demosthenes oder Cicero. Er trägt sie mit Erfolg vor und eröffnet daraufhin gleichsam eine weitere Ebene der Kommunikation mit seinem Publikum, indem er seine Briefe veröffentlicht.

Dies war nicht schwer, da Briefe üblicherweise einem Sekretär diktiert wurden, der von jedem eine Abschrift nahm und in einem Briefarchiv verwahrte. Da der Schreiber (wie es noch bei Goethe üblich war) den Brief nach der Reinschrift noch einmal zur Verbesserung vorlegte, ist ein gewisser Kunst- und Öffentlichkeitscharakter mit jedem solchen Brief per se gegeben, was auch für Plinius und seinen Briefwechsel gilt.

Er erklärt zu Anfang (1,1), die Anregung zur Herausgabe seiner Briefe stamme von einem Freund. Der literarisch interessierte Septicius Clarus, dem auch Sueton seine Kaiserbiographien widmete, hatte ihn angeregt, besonders kunstvoll gestaltete Briefe zu veröffentlichen. Dies traf sich mit Plinius' eigenen Intentionen, sagt er doch einmal, er müsse unbedingt etwas Neues herausbringen, da das jetzt Vorhandene den Reiz der Neuheit verloren habe – aber am liebsten wäre es ihm, wenn er damit auf etwas aus seinem Fundus zurückgreifen könnte, sozusagen als Zweitverwertung. Er will die Anregung aufgreifen, behält sich aber gleich eine Ausweitung des Projekts vor. Und so entsteht statt einer Sammlung von einigen repräsentativen Briefen mit allgemein interessanten Themen – wie es sich Septicius vielleicht ursprünglich gedacht hatte – ein Corpus von 370 Briefen (mit den 121 Schreiben des 10. Buches) aus der Zeit um 98–109 n. Chr. Es enthält nicht nur bereits vorhandene, sondern auch neu hinzugekommene, die jeweils in Gruppen von einzelnen Büchern, der steten Nachfrage entsprechend, veröffentlicht werden. Aus seinen vielfältigen Tätigkeitsbereichen kennt Plinius neben seinem engeren Kreis von Angehörigen und Freunden viele Römer aus Stadt und Land, von denen er weiß, dass sie alle sozusagen auf gleicher Wellenlänge mit ihm sind, seine geistigen und politischen Ideale vertreten, seine Liebe zu den *studia* teilen, mit ihm gemeinsam Lesungen besuchen. So kann er mit Recht annehmen, dass über den eigentlichen Empfänger hinaus sich eine breite Öffentlichkeit für die Lektüre seiner Briefe interessiert. Das gilt nicht nur für deren (heute so stark hervorgehobene) kunstvolle Stilisierung; sicher hat man sich auch mit Vergnügen in die anschauliche Schilderung der *res urbanae* und *res rusticae*, der Ereignisse in der Stadt und auf dem Land, vertieft, hat sich gegruselt bei der Schilderung vom Ausbruch des Vesuvs, sich empört über die Günstlingswirtschaft unter den schlechten Kaisern und Mitgefühl gezeigt bei Tod und Krankheit beliebter Personen.

Die Briefe sind also aus einer realen Korrespondenzsituation entstanden; sie haben einen bestimmten Adressaten, auf den der Brief abgestimmt ist – eine vielen bekannte Person gewissermaßen nur als »Aufhänger« zu nehmen, hätte gegen den guten Ton verstoßen. Die Rahmenbedingungen in einer eng vernetzten homogenen Gesellschaft ermöglichten es Plinius, über den ursprünglichen Adressaten hinaus in eine öffentliche Kommunikation mit seinen Lesern einzutreten.

In der antiken Stillehre galt der Brief als Abbild der eigenen Seele (griech. *eikon tes psyches*) und als Zeugnis der Freundschaft mit dem Empfänger (griech. *philophronesis*). Diese Freundschaft weitet Plinius aus auf seine Leser, und dass ihm dies auch zwei Jahrtausende später, in einem gewandelten historischen und gesellschaftlichen Umfeld, gelingt, beruht auf seiner lebendigen Erzählkunst und seiner liebenswürdigen Persönlichkeit, mit der er sich die so sehr ersehnte Unsterblichkeit, das Weiterleben bei der Nachwelt, verdient hat.

Plinius und seine Lebensbereiche

C. Plinius Caecilius Secundus stammt aus Oberitalien, einer Landschaft, die seit der augusteischen Zeit eine kulturell und wirtschaftlich aufstrebende Region war. In Novum Comum (Como) in der Transpadana ist er 61/62 n. Chr. geboren. Sein Vater gehörte zum Ritterstand; nach dessen frühem Tod lebte er in Rom bei seinem Onkel (und späteren Adoptivvater) C. Plinius Secundus, daher werden die beiden Plinii der Ältere und der Jüngere genannt. Der Onkel bekleidete hohe Ränge im Heer wie im kaiserlichen Verwaltungsdienst und war ein vielseitiger Schriftsteller. Die Liebe zu den *studia*, ohne Vernachlässigung der Bürgerpflichten, erschien dem Jüngeren als vorbildlich und nachahmenswert (vgl. 3,5). Mit dem Onkel erlebte Plinius

den Ausbruch des Vesuvs, dem der ältere Plinius zum Opfer fiel. Die beiden Briefe mit den Schilderungen der Katastrophe gehören zu den bekanntesten Zeugnissen des Plinius (6,16; 6,20).

Nach dem Studium der Redekunst in Rom bei dem berühmten Redelehrer Quintilian trat Plinius als Anwalt auf und begann nach Ableistung seines Militärdienstes die Ämterkarriere. Er war Quästor, Volkstribun und Prätor unter Kaiser Domitian, im Jahr 100 Konsul unter Trajan. Seine Antrittsrede, der *Panegyricus*, in dem er Trajan auf die Rolle eines vorbildlichen Princeps verpflichtete, ist, im Gegensatz zu seinen Prozessreden, noch erhalten. Er hatte auch verantwortungsvolle Ämter im Justizwesen und in der Finanzverwaltung inne sowie das Amt des Wasserbauinspektors, mit der Aufsicht über das Tiberbett und die Kanalisation in Rom. Sein letztes Amt war 111–113 die Verwaltung der Provinz Bithynien-Pontus (am Südrand des Schwarzen Meeres). Dort ist er 113/114 gestorben. Die amtliche Korrespondenz mit Kaiser Trajan wurde wohl von Calpurnia, der Gattin des Plinius, und Freunden als 10. Buch der Briefsammlung hinzugefügt. Dieser Briefwechsel ist nicht nur ein bedeutendes Zeugnis für die römische Provinzverwaltung, er beleuchtet auch die Persönlichkeit beider Briefpartner. Die Anfrage des Plinius wegen der Christen und die Antwort Trajans (10,96; 10,97) sind Dokumente für die frühe Kirchengeschichte.

Plinius übte seine Tätigkeiten verantwortungsvoll aus; er amtierte als Anwalt und Gerichtsvorsitzender, war im Beirat des Kaisers, unterstützte Kandidaten bei Amtsbewerbungen, setzte sich für die Anliegen von Freunden und Verwandten ein, verwaltete seine Güter – doch brauchte er zur inneren Balance seine *studia*, die literarische Beschäftigung. Die Zeit der despotischen Herrschaft Domitians hatte ihm gezeigt, dass der Einzelne in Rom unter einer Monarchie keine Taten mehr vollbringen konnte, die ihm bleibenden Ruhm einbrachten, wie einst in den Zeiten seines

großen Vorbilds Cicero. Auch unter dem *Optimus Princeps* Trajan waren die Einflussmöglichkeiten beschränkt; selbst für glanzvolle militärische Taten gebührte die Ehre dem Kaiser. Für Plinius sind aber noch die altrömischen Wertvorstellungen gültig: Er will im Andenken der Mit- und Nachwelt lebendig sein und bleiben. Und wenn dies in der *Vita activa* nicht möglich ist, muss er es mit der Frucht der *Vita contemplativa* erreichen, mit seinen schriftlichen Zeugnissen, die er hinterlassen wird. Dazu ruft er auch seine Freunde auf (z.B. 1,9,7). Um seine Schriften abzufassen, auszufeilen und schließlich zu veröffentlichen, braucht er die Muße, wie sie ihm seine Landgüter geben, die ihm sein »wahrer, abgeschiedener Musenort« sind. Die Beschreibungen seiner prächtigen Villen (2,17; 5,6) zeigen die römische Villenkultur auf dem Höhepunkt: Die Villa mit ihrer Verbindung von Natur und Kultur ist ein ästhetisches Kunstwerk. Es spiegelt den Geschmack seines Besitzers wider, der sich nicht mehr ausschließlich im *negotium*, der Tätigkeit im öffentlichen Leben, verwirklicht, sondern sich dem *otium*, der Muße, zuwendet, schöne Dinge um sich hat, Literatur und Philosophie betreibt.

Neben seinen beiden Lieblingsvillen hat Plinius besondere Freude an seinen heimatlichen Besitzungen am Comer See, die er ausbaut (9,7). Doch er ruht sich dort nicht nur aus; er sorgt für seine Heimatstadt Como, der er in höchst effizienter Weise eine Schule verschafft (4,13). Auch eine Bibliothek richtet er ein, gründet eine Alimentarstiftung zur Förderung von Kindern und weist auch beträchtliche Summen aus, die den Unterhalt dieser Einrichtungen sichern sollen. Como dankte es ihm mit einer postumen Inschrift, in der seine sämtlichen Ämter und alle Aufwendungen für seine Stiftungen samt den testamentarischen Verfügungen verzeichnet sind. Er blieb auch im Gedächtnis späterer Zeiten lebendig: In einer Aedicula, einer Nische am Dom zu Como, sitzt Plinius im Habit des Gelehrten mit Buchrolle, ebenso wie sein Onkel, der ältere Plini-

us, dessen Gewand den Soldatenstiefel freigibt, ein Hinweis auf seine militärische Laufbahn.

An einen Freund auf einem Landgut in Como schreibt Plinius, er solle alles andere beiseite lassen und sich ganz seinen Studien widmen, dies sei sein Geschäft und seine Muße, *negotium* und *otium* zugleich. So solle er etwas schaffen, das für immer sein Eigentum sei, denn sein Besitz werde ja nach ihm einem anderen gehören (1,3). Doch für Plinius selbst gibt es bei aller Liebe zu den Studien keinen völligen Rückzug ins Privatleben: Keine geistige Beschäftigung ist nämlich so wichtig, sagt er, dass man die Pflichten der Freundschaft, wie Anwaltstätigkeit, Wahlunterstützung, darüber vernachlässigen darf. Deren gewissenhafte Beachtung lehren uns ja gerade die Studien, d. h. die Philosophie als Pflichtenlehre (8,9).

Und so nutzt Plinius auch seine Briefe, um auf das politische Leben in Rom einzuwirken. Ebenso wie Tacitus ist er sich bewusst, dass die lange Zeit der Unterdrückung durch Domitian zu einer politischen Unmündigkeit geführt hat. Der Umgang mit der wieder eingeführten Abstimmung durch Stimmtäfelchen (4,25) ist ein Beispiel für diese »Flucht aus der Freiheit« (Erich Fromm), aus mangelndem Zutrauen, den neugewonnenen Raum der Freiheit auch wirklich auszufüllen. Daher fordert Plinius seine Standesgenossen auf, den Spielraum, den ihnen der Kaiser im Senat bietet, zu nutzen, verantwortungsvoll mitzuarbeiten, junge Leute heranzubilden.

Deren Förderung ist Plinius ein besonderes Anliegen, wie er überhaupt allenthalben mitmenschliches Engagement zeigt, so auch gegenüber seinen Sklaven und Freigelassenen, die er *mei*, meine Leute, nennt (2,17,24; 8,16; 9,36,4). Große Anteilnahme zeigt er auch gegenüber den Frauen seines Bekanntenkreises (z. B. 3,16) und ist zärtlich besorgt um seine Verwandten, um Schwiegermutter, Tante, Schwiegergroßvater (4,19; 8,10) und vor allem seine Gattin Calpurnia (6,4; 6,7; 7,5). Sie nahm regen Anteil an seinem

Schaffen und hat ihn auch begleitet, als er 111 n. Chr. als Statthalter in die Provinz Bithynien-Pontus entsandt wurde. Hier zeigte er sich nicht ganz frei von jener mangelnden Entschlussfreudigkeit, wie sie seine Kollegen im Senat beweisen, als Erbe aus der Zeit der Knechtschaft. Doch er sucht seinen Aufgaben gerecht zu werden, unterstützt von Trajan, von dem Plinius in seiner Rede gesagt hatte: »Indem Du die Leute für tüchtig erklärst, machst Du sie dazu« (71,7). Die Korrespondenz mit Kaiser Trajan komplettiert die Briefsammlung und die Persönlichkeit des Plinius. Er versucht die Balance zu halten zwischen *otium* und *negotium.* So liebt und braucht er die Studien in seinen Villen, seinen Musenorten, aber er erfüllt auch seine Pflichten im Staatsleben, wie einst sein Onkel, der ältere Plinius.

Inhalt

Epistulae · Briefe in Auswahl

Anhang